외국인 유학생을 위한
대학 특성화 교육과정 모형론

김 종 일

지식과교양

머리말

    오늘날 전(全) 세계가 그 어느 때보다도 한류에 대한 관심이 높습니다. 실제로 우리나라에서 공부하고 있는 외국 유학생들의 수는 매년 증가하는 추세를 보이고 있으며, 지금은 16만 명을 넘어서는 것으로 파악됩니다. 현재 한국사회가 겪고 있는 저출산 및 고령화 사회 문제를 고려해 봤을 때 이와 같은 추세는 대학의 교육 운영에 있어 적극적인 대비책을 마련해야 할 계기라고 볼 수 있습니다.

    저는 2015년도부터 유학생을 대상으로 지금까지 한국의 사회와 문화, 다문화 사회 교육, 이민 다문화 현상 등 한국사회의 다문화 현상에 대한 강의를 계속해 왔습니다. 처음 교직을 시작하며 맞닥뜨린 것은 유학생들의 삶과 동떨어진 교육 현실이었습니다. 점점 늘어나는 유학생들의 수요에도 불구하고 정작 이들의 대학생활 적응을 도울 수 있는 마땅한 방안들이 없어 학위과정 진학을 포기해야 하는 학생들을 보며 늘 안타까움을 느꼈습니다.

    유학생들에게 가장 필요한 것은 무엇일까? 그들이 대학에서 가장 힘들다고 느끼는 것이 무엇일까? 과연 유학생들에게 의미 있는 교육이 무엇일까? 문제의 해답을 찾는 일은 결코 먼 곳에 있는 것은 아닐 것입니다. 이 책의 집필은 대학 특성화 교육과정을 마련하고자 하는 동기에서 시작되었습니다. 대학 특성화 교육과정은 단순히 수업을 위한 지침이 아니라, 미래 사회를 대비하는 대학의 적극적인 교육적 모색입니다. 대학 특성화 교육과정 개발은 오늘날 유학생들과 대학 사회의 관계를 바르게 인식하고, 우리나라 대학들의 글로벌화와 내실을 도모하는 데 이상적인 방향성을 제시해 줄 수 있습니다.

물론 이 책에 담긴 내용들은 유학생을 위한 교육과정에 대한 체계를 완성한 것이 아니라, 그에 필요한 생각들과 논의들을 정리한 수준에 불과합니다. 그럼에도 이 책을 펴내고자 하는 이유는 외국 유학생들이 겪고 있는 문제가 해결되고 이들이 훌륭한 인재로 성장하길 바라는 마음이 있기 때문입니다. 따라서 이 책에서는 교육 현장과 외국인 유학생들의 다양한 요구를 반영하여 대학에 특성화된 교육과정을 설계하기 위해 필요한 논의들과 이론적 모형을 구안하여 설명하고 있습니다.

이 책은 크게 6장으로 구성되어 있습니다. 1장에서는 한국으로 유입된 외국인 유학생의 현황과 그들이 겪고 있는 문제와 실태를 분석하였습니다. 이를 바탕으로 대학 특성화 교육과정이 필요한 이유와 목적에 대해 서술하고 있습니다. 2장에서는 학위과정 유학생들을 위한 대학 교육과정의 현황을 분석하여 유학생들의 부적응 요인과 원인을 제시하고 있습니다. 이를 바탕으로 유학생들의 학업 적응을 위한 대학 특성화 교육과정의 의의를 서술하였습니다. 3장에서는 대학 특성화 교육과정 설계에 적용된 기저 이론 및 원리를 구체적으로 제시하고 있습니다. Tyler, Hunkins, Skilbeck, Oliva, Wiggins와 Mctighe의 교육과정 설계 모형에 관한 내용을 소개하여 대학 특성화 교육과정 설계 유형과 방법을 위한 방향성을 마련하였습니다. 4장에서는 실제 유학생들을 대상으로 실행된 설문조사를 사례로 제시하여 일반적 상황분석, 교육만족도 분석, 문화적응 분석, 대학 생활적응 분석, 대학 이미지 분석, 개설 강의 분석 등 학습자의 요구 분석 방법을 소개하고 있습니다. 5장에서는 대학 특성화 교육과정의 목적과 목표 설정의 기준을 소개하고 있으며, 설계 모형 구안의 기본 구조, 기초교양 교육과정과의 연계 방법을 바탕으로 대학 특성화 교육과정 모형을 구안하였습니다. 6장에서는 이러한 논의들을 진행하면서 미흡했던 요소들과 앞으로 나아가야 할 대학 특성화 교육과정 설계의 방향을 구체적으로 진술하였습니다.

사실 연구자의 신분으로 유학생들을 가르치며 연구를 병행하기에 어려움이 많습니다. 제 부족한 역량에도 불구하고 외국인 유학생들이 대한민국의 대학에서 많은 지식과 정보, 그리고 참된 인성을 키워갈 수 있도록 많은 고민과 노력을 아끼지 않고 있습니다. 그동안 현장에서의 경험을 통해 얻은 이 연구 성과가 유학생들을 위한 교육 환경 발전에 적게나마 보탬이 되기를 기대해봅니다.

항상 응원과 격려를 아끼지 않으시는 여러 스승님들과 주변 분들에게 감사를 드립니다. 특히 우리나라의 언어와 문화를 소중하게 여길 수 있게 국어교육 석사를 지도해주신 윤재웅 교수님과 늘 인생의 긍정과 격려를 아끼지 않으시며 다문화 교육 박사를 지도해주신 고재석 교수님께 깊은 감사를 드립니다. 이 책이 출판될 수 있도록 애써주신 출판사 관계자 분들에게도 감사의 마음을 전합니다. 끝으로 곁에서 큰 힘이 되어 주신 어머니 박승옥 여사께 자식으로서 더 큰 보답을 약속드리며 제 인생의 첫 책을 바칩니다.

2020년 4월 어느 봄날
만해연구소에서
김종일 씀

| 목차 |

머리말 • 2

제1장 대학 특성화 교육과정의 방향 모색 • 15

　　제1절 대학 특성화 교육과정의 필요성 • 17

　　제2절 논의의 전개방법 • 23

제2장 대학 특성화 교육과정 설계의 의의 • 27

　　제1절 학위과정 유학생을 위한 대학 교육과정 현황 • 29

　　　　1. 학위과정 유학생의 부적응 요인 • 30

　　　　2. 학위과정 유학생을 위한 교육과정 • 30

　　제2절 학위과정 유학생 학업적응을 위한 대학 특성화 교육과

　　　　정의 의의 • 40

제3장 대학 특성화 교육과정 설계의 기저 및 원리 • 43

　제1절　대학 특성화 교육과정 설계의 방향 • 43

　제2절　대학 특성화 교육과정 설계 유형과 방법 • 48

　　　1. 설계 유형 • 49

　　　2. 설계 방법 • 63

　제3절　대학 특성화 교육과정 설계 원리의 개발 • 67

　　　1. 학습자의 요구 및 특성 • 67

　　　2. 지식의 구조성 • 69

　　　3. 학제적 연계성 • 71

　　　4. 대학의 전통성 • 73

　　　5. 내용과 학습자 간의 상호작용성 • 75

　　　6. 평가의 진정성 • 76

제4장 대학 특성화 교육과정 설계를 위한 학습자 요구 분석 • 79

　제1절　설문 조사 대상과 범위 • 81

　　　1. 조사 대상과 설문 범위 • 81

　　　2. 연구도구 • 83

　　　3. 측정도구의 신뢰도와 타당도 분석 • 84

　　　4. 자료 분석 • 85

　제2절　설문 조사를 통한 요구 분석 • 87

　　　1. 학위과정 유학생의 일반적 상황 분석 • 87

　　　2. 학위과정 유학생의 교육만족도 분석 • 90

　　　3. 학위과정 유학생의 문화적응 분석 • 95

　　　4. 학위과정 유학생의 대학생활 적응 분석 • 102

　　　5. 학위과정 유학생의 대학이미지 분석 • 113

　　　6. 학위과정 유학생을 위한 개설 강의 분석 • 122

　　　7. 분석 결과 • 138

제5장 대학 특성화 교육과정 설계 모형 구안 • 151

　　제1절　대학 특성화 교육과정 목적과 목표 설정 • 153

　　　　1. 목적 설정의 기준 • 153

　　　　2. 목적에 따른 목표 설정 • 158

　　제2절　대학 특성화 교육과정 설계 모형 • 168

　　　　1. 설계 모형 구안의 기본 구조 • 168

　　　　2. 기초교양 교육과정과의 연계 • 172

　　　　3. 대학 특성화 교육과정 모형 • 176

제6장 대학 특성화 교육과정 설계의 지향 • 183

　　참고문헌 • 188

　　부록 • 188

| 표 목차 |

〈표 1-1〉 국내 외국인 유학생 현황 • 19

〈표 1-2〉 학위과정 유학생의 중도 탈락률 • 21

〈표 2-1〉 서울 주요 대학의 외국인 유학생 과정별 현황 • 32

〈표 2-2〉 대학 교양과정 한국어 관련 강의 현황 • 35

〈표 2-3〉 학위과정 유학생을 위한 교육과정의 유형 • 37

〈표 3-1〉 이해 중심 교수설계를 위한 백워드 설계의 단계 • 64

〈표 3-2〉 학습자 중심 교육 • 68

〈표 4-1〉 연구대상의 일반적 특성 • 82

〈표 4-2〉 평가도구의 신뢰도 분석 결과(n=468) • 85

〈표 4-3〉 학습자의 변인에 따라 유학을 온 가장 중요한 목적 • 91

〈표 4-4〉 유형별 등록금 부담 형태 • 117

〈표 4-5〉 학습자의 변인에 따른 희망하는 개설 강의 • 124

〈표 4-6〉 학습자의 변인에 따른 '한국어와 의사소통' 분야 강의의 희망 수강 과목 • 126

〈표 4-7〉 학습자의 변인에 따른 '한국의 역사' 분야 강의의 희망 수강 과목 • 129

〈표 4-8〉 학습자의 변인에 따른 '한국의 정치 · 경제' 분야의 희망 수강 과목 • 131

〈표 4-9〉 학습자의 변인에 따른 '한국의 문화예술' 분야의 희망 수강 과목 • 126

〈표 4-10〉 학습자의 변인에 따른 교육프로그램에 대한 개선점 • 135

〈표 4-11〉 성별에 따른 변인들의 차이 검증 • 139

〈표 4-12〉 국적에 따른 변인들의 차이 검증 • 140

〈표 4-13〉 연령에 따른 변인들의 차이 검증 • 142

〈표 4-14〉 한국 대학에서 공부한 기간에 따른 변인들의 차이 검증 • 144

〈표 4-15〉 거주지에 따른 변인들의 차이 검증 • 145

〈표 4-16〉 한국어 능력에 따른 변인들의 차이 검증 • 147

〈표 4-17〉 대학생활 만족도 변인 간 상관분석 결과 • 148

〈표 5-1〉 각급학교별 교육목적 • 156

〈표 5-2〉 동국대학교 교육목적과 교육목표 • 158

〈표 5-3〉 동국대학교 교양과정 교육목적과 교육목표 • 159

〈표 5-4〉 성균관대학교 교육목적과 교육목표 • 160

〈표 5-5〉 성균관대학교 교양과정 교육목적과 교육목표 • 161

〈표 5-6〉 연세대학교 교육목적과 교육목표 • 162

〈표 5-7〉 연세대학교 교양과정 교육목적과 교육목표 • 163

〈표 5-8〉 학습자 변인별 희망 수강 과목 • 171

〈표 5-9〉 대학 교양과정 유학생을 위한 강의 현황 • 173

〈표 5-10〉 대학 교양과정 유학생을 위한 한국어 강의 현황 • 175

| 그림 목차 |

〈그림 2-1〉 학문 목적 한국어 교육 과정의 단계 • 34

〈그림 3-1〉 대학 특성화 교육과정 설계의 방향 • 46

〈그림 3-2〉 Tyler의 교육과정 설계 모형 • 50

〈그림 3-3〉 Hunkins의 교육과정 설계 모형 • 52

〈그림 3-4〉 Skilbeck의 교육과정 설계 모형 • 54

〈그림 3-5〉 Oliva의 교육과정 설계 모형 • 53

〈그림 3-6〉 Wiggins와 McTighe의 백워드 교육과정 설계 모형 • 59

〈그림 3-7〉 학습자 요구의 의미 • 68

〈그림 3-8〉 지식의 본질 • 70

〈그림 3-9〉 학제적 연결성 • 72

〈그림 3-10〉 연세대학교 RC의 비교과 과정 • 74

〈그림 3-11〉 교육과정 평가의 모형 • 76

〈그림 4-1〉 설문 참여자의 장학금 유형 • 88

〈그림 4-2〉 졸업(수료) 후 진로 • 89

〈그림 4-3〉 유학 목적 • 90

〈그림 4-4〉 현재 소속 대학의 교육 만족도 문항 1 • 93

〈그림 4-5〉 현재 소속 대학의 교육 만족도 문항 2 • 94

〈그림 4-6〉 문화적응 문항 1, 2 • 96

〈그림 4-7〉 문화적응 문항 3, 4 • 97

〈그림 4-8〉 문화적응 문항 5, 6 • 99

〈그림 4-9〉 문화적응 문항 7, 8 • 100

〈그림 4-10〉 문화적응 문항 9, 10 • 102

〈그림 4-11〉 대학생활 적응 문항 1 • 103

〈그림 4-12〉 대학생활 적응 문항 2 • 104

〈그림 4-13〉 대학생활 적응 문항 3 • 105

〈그림 4-14〉 대학생활 적응 문항 4 • 106

〈그림 4-15〉 대학생활 적응 문항 5 • 107

〈그림 4-16〉 대학생활 적응 문항 6 • 108

〈그림 4-17〉 대학생활 적응 문항 7 • 109

〈그림 4-18〉 대학생활 적응 문항 8 • 110

〈그림 4-19〉 대학생활 적응 문항 9 • 111

〈그림 4-20〉 대학생활 적응 문항 10 • 112

〈그림 4-21〉 대학이미지 문항 1 • 113

〈그림 4-22〉 대학이미지 문항 2 • 114

〈그림 4-23〉 대학이미지 문항 3 • 115

〈그림 4-24〉 대학이미지 문항 4 • 116

〈그림 4-25〉 대학이미지 문항 5 • 117

〈그림 4-26〉 대학이미지 문항 6 • 118

〈그림 4-27〉 대학이미지 문항 7 • 119

〈그림 4-28〉 대학이미지 문항 8 • 120

〈그림 4-29〉 대학이미지 문항 9 • 121

〈그림 4-30〉 유학생을 위한 개설 강의 문항 1 • 123

〈그림 4-31〉 유학생을 위한 개설 강의 문항 2 • 125

〈그림 4-32〉 유학생을 위한 개설 강의 문항 3 • 127

〈그림 4-33〉 유학생을 위한 개설 강의 문항 4 • 130

〈그림 4-34〉 유학생을 위한 개설 강의 문항 5 • 132

〈그림 4-35〉 유학생을 위한 개설 강의 문항 6 • 134

〈그림 4-36〉 유학생을 위한 개설 강의 문항 7 • 136

〈그림 5-1〉 이해 중심 교육과정의 목적 • 155

〈그림 5-2〉 교육과정의 목적에 따른 목표설정 • 165

〈그림 5-3〉 특성화 교육과정 설계의 기본 구조 • 169

〈그림 5-4〉 학위과정 유학생을 위한 대학 특성화 교육과정 설계 모형 • 178

제 1 장

대학 특성화 교육과정의 방향 모색

제1절
대학 특성화 교육과정의 필요성

　본고의 목적은 외국인 유학생의 대학 생활 적응을 돕고 그들의 다양한 요구를 반영하여 대학의 특성화된 교육과정을 설계하기 위해 필요한 이론적 모형을 구안하는 데 있다. 외국인 유학생의 학업 적응을 돕는 대학 특성화 교육과정 설계의 이론적 모형을 구축하고자 하는 이유는 한국 사회의 출산 문제와 학위과정 유학생 유입 문제 등이 대학의 교육 운영과 관련하여 다양한 문제를 양산하고 있는 현실에 있다. 따라서 이를 해결하기 위한 대학 교육과정 차원에서의 대응 모색이 시급하다.

　최근 한국 사회는 교육 문제와 관련하여 볼 때 크게 두 가지 고민거리를 떠안고 있는 형국이다. 하나는 저출산으로 인해 학령기 학습자가 줄어들고 있다는 점과 다른 하나는 '일반 목적 한국어'를 학습한 후에 '학위과정'으로 진학하는 유학생의 수가 지속적으로 감소하고 있다는 점이 그것이다.[1] 이러한 문제를 해결하지 못한다면 장차 대학은 유능한 인재를 확보하는데 어려움을 겪을 것이며, 나아가 대학 내부의 자생력을 감소시켜 교육 운영에 큰 차질을 빚을 것이 자명하다.

현재 한국의 인구는 2016년을 기준으로 5,000만 명을 넘었고, 이는 세계 인구 현황을 놓고 봤을 때 27번째에 해당할 만큼 높은 순위이다.[2] 한국인의 기대수명 또한 높은 수준을 자랑하고 있다. 전(全) 세계 평균 기대수명은 남성이 69세, 여성이 74세이지만, 한국은 남성이 80세, 여성이 86세로 선진국 가운데서도 높은 편에 해당한다. 그러나 한국의 출산율은 세계 평균 2.5명을 현저히 밑도는 1.3명으로 아시아 평균 2.1명, OECD 평균 1.7명보다도 낮은 수치를 보이고 있다. 현재 한국의 인구 구조는 저연령층으로 갈수록 그 수가 줄어들고 고연령층으로 갈수록 그 수가 높아지는 형태임을 알 수 있다. 이러한 추세가 지속된다면 점차 대학 입학생이 감소함은 물론 자연히 대학 경영에 심각한 문제가 발생하게 될 것임은 누구도 부정할 수 없는 사실이다. 장기적으로 학령기 학습자의 수가 감소되고 더 나아가 대학 입학생의 수까지 감소된다는 사실은 미래 한국 사회 대학들의 생존과 직결되는 문제라고 할 수 있다. 그

---

1) 하연섭 · 이주헌 · 신가희(2015)는 한국의 전체 유학생은 증가하고 있지만 '단기 과정'으로 유학을 오는 유학생이 증가하는 것이지 대학 경영에 도움이 되는 학위과정 유학생이 증가하는 것이 아님을 지적하고 있다. 하연섭 · 이주헌 · 신가희, "외국인 유학생 유치의 경제적 효과 추정", 교육재정경제연구 24-3, 한국교육재정경제학회, 2015, 93쪽, 참조.
2) 한국의 인구 현황과 세계 인구 현황 그리고 출산율과 관련한 내용은 인구보건협회(UNFPA, 2016)을 참조.

래서일까. 최근 대학들은 안정적인 인재 및 재정 확보를 위한 방안
으로 '외국인 유학생'의 유치를 통한 '대학교' 또는 '대학원' 운영을
하나의 해결책으로 내세우고 있다.[3]

〈표 1-1〉 국내 외국인 유학생 현황

과정		2016	2017	2018	2019
학위 과정	학사(전문대학)	37,098	45,966	56,097	65,828
	석사	17,282	18,753	21,429	23,605
	박사	6,878	7313	8,510	10,782
	합계	63,104	72,032	86,036	100,215
비학위과정 (어학연수/기타연수)		41,158	51,826	56,169	59,950
학위 + 비학위		104,262	123,858	142,205	160,165

출처: 교육부, 2019년도 국내 고등교육기관 외국인 유학생 통계, 2019.

위 〈표 1-1〉은 최근 4년간 한국으로 유입된 외국인 유학생 현황
을 보여준다.[4] 위 표를 보면 '비학위과정'으로 한국에 오는 유학생
의 수와 '학위 과정'으로 한국에 오는 유학생의 수가 모두 꾸준하게
증가하고 있음을 알 수 있다. 여기서 주목할 점은 크게 두 가지이

---

3) "인재는 타고난 기본자질을 바탕으로 사회의 요구에 맞게 나름대로 길러야 할 인
   간의 자기능력으로 이해할 수 있다."(신창호, 「교육이란 무엇인가?」, 서울 : 동문사,
   2012, 245쪽.) 문제는 우리나라의 대학이 유학생들의 기본자질을 적확하게 이해하
   고 그들에게 높은 수준의 교육 서비스를 제공할 준비가 되어있는가 하는 점이다.
4) 2011년부터 2015년까지 국내로 유입되는 유학생의 수는 감소추세였다. 2015년부
   터 급격하게 유학생 수가 증가했고 2016년에는 그 증가폭이 2010년 이전 수준인 1
   만 명 수준으로 회복했다. 이는 정부의 유학생 유치를 위한 정책 등이 큰 효과를 거
   뒀기 때문이지 대학의 교육과정 개선과는 크게 상관이 없어 보인다.

다. 첫째는 비학위과정 유학생 수와 학위 과정 유학생 수의 비율
이고, 둘째는 학위 과정 유학생의 수와 중도탈락률과의 상관성이
다. 위 표를 보면, 우리나라의 경우 국내 전체 유학생 중에서 학위
과정과 비학위과정 유학생 수의 비율은 6:4를 꾸준하게 유지하고
있다. 즉 학위 과정 유학생의 수가 증가하고 있다고 앞서 언급했
지만 이는 비학위과정 유학생의 수도 동일하며 전체 유학생의 수
가 증가하기 때문에 필연적으로 발생하는 현상이지 학위과정 유
학생의 수와 비학위과정 유학생의 수는 비율적으로 6:4에서 움직
이지 않고 있는 것이다. 그런데 이와 유사한 현상이 먼저 발생했
던 일본의 경우는 2013년을 기준으로 학사가 52%, 석사와 박사
가 29%로 전체 81%가 학위과정이었고, 19%만이 '준비교육과정'
이라고 해서 '비학위과정'이었다.[5] 이를 비율로 설명하자면, 8:2로
서 실질적으로 대학 경영에 도움이 되는 학위과정 유학생의 비중
이 한국 대학과는 비교도 할 수 없을 만큼 높음을 알 수 있다. 줄어
드는 출산율로 인해 대학들이 인재 및 재정 확보 차원에서 유학생
비중을 높였다는 것은 일본과 한국의 공통점이지만, 학위과정 유
학생이 대학에서 차지하는 비율로 보자면 일본이 한국보다 더 효
율적이고 대학 운영에 도움이 되는 방향으로 흘러가고 있다고 볼
수 있다.

---

5) 약산훈리(若山薫里), "일본의 외국인유학생 정책 : 활용과 개선 방안을 중심으로",
   인하대학교 대학원 석사학위논문, 2014, 10-11쪽.

〈표 1-2〉 학위과정 유학생의 중도탈락률

비율	2014	2015	2016
전문대	6.3%	7.0%	7.2%
일반대	4.7%	4.9%	5.9%

출처: 조선일보 기사, 2016.10.04.

〈표 1-2〉는 한국 대학의 학위과정으로 입학한 유학생들의 학업 중도탈락률을 보여준다. 위의 표를 살펴보면, 전문대학과 일반대학에 진학한 유학생의 중도탈락률이 지속적으로 높아지고 있음을 알 수 있다. 2016년에 '전문대학'의 경우에는 7%가 넘는 유학생이 학업을 마치지 못하고 중도에 포기했음을 확인할 수 있다. 즉 유학생들이 한국 대학에서의 생활을 포기하지 않도록 유학생의 학업 적응을 돕는 교육적 방안이 마련되어야 할 필요성이 있다.[6] 이 높은 중도탈락률은 대학에서 유학생들에게 제공하는 교육과정이 유학생 입장에서 불만족스럽거나 지나치게 어렵다는 것을 의미할 수 있고, 이 '불만족'을 견디지 못한 유학생들은 학업을 중간에 포기하고 고국으로 돌아가는 것이라는 해석이 가능하다. 표면적으로 살펴보면 출산율 감소로 인한 입학생 감소로 인해 운영에 차질이 생긴 국내 대학들이 일본처럼 유학생을 유치하는 방안으로 새로운 활로를 찾은 것으로 보이지만, 유학생 구성 비율이나 중도탈락률을 살펴보았을 때는 여전히 해결되어야 할 연구 과제가 산적해 있음을 보여준다.

---

6) 민진영, "외국인 유학생의 대학원 학업 적응에 관한 내러티브 연구" 연세대학교 대학원 박사학위논문, 2013, 22쪽.

　　본고에서는 유학생의 학업 적응을 저해하는 요인을 밝히고 현재 대학에서 운영되고 있는 대학교들의 유학생을 위한 교육과정이 이를 해소하는데 적합한 지를 판단할 것이다. 그리고 교육과정 설계 모형들을 검토해가면서 유학생의 학업 적응에 요구되는 다양한 원리들을 선별하고 설문지 분석을 통해서 유학생들의 실제 요구 분석도 진행한다. 그리고 이를 종합하여 유학생의 학업 적응을 돕기 위한 교육과정 설계 모형을 개발하려고 한다. 이모형은 입학생 감소로 경영의 어려움을 겪고 있는 대학들에게 질 높은 교육과정을 제시하고 이를 통해 효과적으로 유학생을 확보할 수 있다는점에서 그 의의가 있다.[7]

---

7) 보통 대학의 운영과 직결되는 유학생은 어학연수 목적으로 들어온 '비학위과정'의 유학생이 아니라 '비학위과정'을 이수한 후에 '학위과정'으로 유입되는 유학생들이다. 이 유학생들의 중도탈락률이 증가하고 있는 현실은 향후 출산율 감소와 입학생 감소로 운영에 직격탄을 맞은 대학들에게는 상당한 문제를 불러올 수 있다.

제2절
논의의 전개방법

본고에서는 한국으로 유학 온 '학위과정' 유학생을 대상으로 연구하고 전개한다. 일반 목적 한국어를 학습하기 위해서 온 유학생은 '학문 목적 한국어'로 진학할 의사가 없을 수도 있다. 따라서 현재 '학위과정'으로 한국 대학에 재학 중인 유학생들을 대상으로 대학에서 제공받고 있는 교육과정 전반에 대한 '만족도'를 조사한다. 이 결과를 중심으로 유학생을 위한 특성화 교육과정 모형을 제시하고자 한다. 이와 관련하여 연구 방법은 크게 세 가지로 구분한다.

첫째, 현재 한국에 온 유학생들의 적응과 학업 향상을 위해서 운영되고 있는 교육과정을 찾아서 이 교육과정의 특징을 '비교분석방법'을 통해서 분석한다. '비교분석방법'은 공통점과 차이점을 기반으로 개발·보완하려는 교육과정의 문제점과 해결책을 찾기에 적합한 연구방법으로 '교육과정' 연구에서는 가장 보편적으로 적용되는 연구방법이다.

둘째, 현재 한국의 대학과 대학원에서 공부하고 있는 유학생들을 대상으로 자체 개발한 평가도구를 통해서 만족도 조사를 실시하고 이를 통해 유학생들의 요구 조사를 실시한다.

셋째, 문헌 연구를 통해서 학습자 유형과 특수성, 유학생이 처한 교육 환경 등을 종합적으로 고려해서 개발할 수 있는 교육과정 모형을 제시하고, 이때 고려해야 할 다양한 변인 요소들을 종합하여 교육과정 설계를 위한 모형을 개발하고자 한다.

이를 위해서 1장에서는 연구의 필요성과 목적을 제시한다. 이 장에서는 현재 한국 유학생의 현황과 정부 정책 등을 종합적으로 다루고 본 연구의 나아갈 방향을 구체적으로 제시할 것이다. 2장에서는 현재 다른 대학에서 운영되고 있는 유학생을 위한 교육과정의 현황과 특성을 밝히고, 이에 대한 장점과 단점의 비교분석을 통해 개선점을 모색해 볼 것이다. 필자가 주장하는 '특성화'의 의미와 '특성화 교육과정'의 의의를 밝히고, 이 교육과정이 현재 각 대학에서 운영되고 있는 교육과정과 어떤 차별화된 교육을 제공할 수 있는지를 제시할 것이다. 3장에서는 '특성화 교육과정 모형' 개발을 위한 교육학 차원에서의 모형 이론을 탐색하고 이를 위해서 교육과정 설계 모형들의 의의와 장·단점 등을 살펴볼 것이다. 이를 통해 학위과정 유학생의 학업적응을 위한 교육과정 설계 모형 개발의 원리를 도출해 내고자 한다. 4장에서는 현재 '학위과정'에 재학 중인 학습자를 대상으로 요구 분석과 만족도 분석을 실시하고, 이를 통해서 '일반적 상황', '교육만족도', '문화적응', '대학생활 적응',

'대학이미지', '유학생을 위해 개설된 강의' 등 크게 여섯 가지 범주를 통해서 드러나는 유학생의 학업 만족도 여부와 요구 사항 등을 종합해 보고자 한다. 5장에서는 '특성화 교육과정 설계를 위한 모형'을 구축하고 그 의의를 밝힐 것이다. 특히 각 대학에서 이 모형을 적용할 때 어떻게 '기초교양 교육과정과의 연계' 등을 시도할 수 있는 지에 대한 방안도 함께 제안할 것이다. 마지막으로 6장에서는 1장부터 5장까지의 연구 결과를 전계 개괄하고 향후 대학 특성화 교육과정 설계 모형을 대학에서 운영할 때 요구되는 방향과 추가적으로 진행되어야 할 사항들을 제언 하고자 한다.

제**2**장

대학 특성화 교육과정 설계의 의의

제1절
유학생을 위한 대학 교육과정 현황

　외국인 유학생의 유입 증가는 비단 우리나라에서만 발견되는 현상은 아니다. 전(全)세계 외국의 고등교육기관의 유학생 수가 급격하게 증가하여 1995년에 130만 명에 불과했으나 2005년에 200만 명을 넘어서 280만 명에 이르렀고 2012년에는 400만 명을 넘어 450만 명에 달할 정도로 빠르게 증가하고 있다.[1] 유학생의 증가가 자연스러운 현상이라면 보다 양질의 교육과정을 토대로 유학생의 교육 만족도를 높이는 것이 가장 현명한 방법일 것이다. 본격적으로 특성화 교육과정 설계를 논의하기에 앞서 한국에 유학을 온 유학생이 한국 유학생활에서 느끼는 어려움이 무엇인지 살펴보고, 현재 한국의 대학에서 운영되고 있는 유학생을 위한 교육과정을

---

1) OECD, 「Education at a Glance」, Paris: OECD, 2014.

분석하고 각각의 한계점을 제시해 보고자 한다.

1. 유학생의 부적응 요인

'학문목적 한국어 유학생'(이하, '학위과정 유학생')은 일반대학을 기준으로 한국어 수업을 400시간 듣고 토픽 4급에 합격한 후에 기타 입학 관련 자격을 갖춘 자를 말한다. 그런데 요즘 한국인 입학생을 충분히 유치하지 못한 대학들이 4급 규정의 비현실성을 지적했고 현재 3급까지 기준이 완화된 상태이다.[2] 하지만 3급 수준의 한국어를 가지고 학위과정에서 학업을 정상적으로 소화할 수 있는지는 의심스럽다. 또한 이러한 상황에서 몇몇 전문대는 토픽 2급만 합격해도 입학을 허가해 주는 경우까지 발생해서 학위과정 유학생이라고 할지라도 '언어 문제'에 있어 심각한 문제를 노출하고 있다. 이처럼 한국어 능력의 문제가 유학생의 부적응을 초래한다는 논의들은 최근 지속적으로 연구되고 있다.[3]

---

2) '비학위과정'은 각 대학별 언어과정을 말하는 것으로 국립국어원에서 만든 초급(1급, 2급), 중급(3급, 4급), 고급(5급, 6급)의 세 단계로 구성된다. 초급은 기초적인 의사소통에 목적을 두고 중급은 일상생활의 의사소통에 목적을 두고 고급은 전문 분야의 의사소통에 목적을 둔다. 현재 한국 4년제 대학의 경우 유학생에게 토픽 기준 3급을 요구하고 졸업하기 전에 4급을 필수 이수하는 것으로 이 기준을 변칙적용하고 있다.

3) 이와 관련된 연구는 다음과 같다. 민진영, "외국인 유학생의 대학원 학업 적응에 관한 내러티브 연구" 연세대학교 대학원 박사학위논문, 2013 ; 임석준, "외국인 노동자인가, 유학생인가", 21세기정치학회보, 20권 3호, 2010 ; 최정순 · 송향근 · 박석준, 「해외인적자원 유치 확대 및 활용을 위한 유학생 지원전담기구 설립방안연구,

　유학생의 부적응을 초래하는 또 다른 이유는 '관계'와 관련된 문
제이다. 한국 학생들도 대학에 입학하게 되면, 학업과 관련해서 생
소한 부분이 많기 때문에 다양한 관계　선후배 관계 등 을 통해서
이와 같은 어려움을 극복하려고 한다. 이는 유학생들에게도 동일
하게 적용되는 사례로, 이와 같은 '관계' 형성의 어려움은 유학생의
부적응을 강화시킨다.[4] 특히 동일한 학교, 동일한 전공과 관련한
내용을 공유하면서 한국어로 대화할 수 있는 관계 형성은 '대학 만
족도'뿐만 아니라, '의사소통 능력 향상' 등에도 긍정적 영향을 줄
수 있기 때문에 유학생의 학업 적응에 중요한 문제이다. 하지만 유
학생들은 이와 같은 '관계' 형성이 잘 형성되지 않고 같은 국가 출
신끼리 함께 어울리면서 향수병에 걸리거나 학업을 중도에 포기하
게 된다.[5]

　마지막으로 언급할 내용은 대학 만족도이다. 만족도는 대학에서
제공하는 교육 내용과 유학생이 기대한 교육 내용이 일치했을 경우
에 높다. 하지만 이러한 부분들이 일치되지 못할 경우에는 유학생
의 학업 적응에 안 좋은 영향을 주게 된다. '일치도'를 높이고 '불일

교육인적자원부」, 2007 ; 김정숙, "학문적 목적의 한국어 교육과정 설계를 위한 기
　초 연구: 대학 진학생을 위한 교육과정을 중심으로", 한국어교육 11권 2호, 국제한
　국어교육학회, 2000.
4) 이와 관련된 연구는 다음과 같다. 김지훈 · 이민경, 외국인 유학생들의 한국유학 동
　기와 경험연구: 서울 A대학 석사 과정 학생들의 내러티브를 중심으로, 동아연구 61
　권, 서강대학교 동아연구소, 2011 ; 하정희, "중국 유학생의 대학 생활 적응에 대한
　질적 연구", 한국심리학회지 상담 및 심리치료, 20권 2호, 한국심리학회, 2008.
5) Sherry, Mark & Thomas, Peter & Wing Hong Chui, International Students:
　Vulnerable Students population. Higher Education 60, 2010, p.33-46

치도'를 낮추기 위해서는 학위과정 유학생들이 한국 대학교에서 배우고자 하는 것이 무엇인지를 정확하게 파악하는 것이 무엇보다 중요할 것이다. 그리고 이 만족도와 요구분석을 토대로 학과 전공 과정을 점검하고 때에 따라서는 외국인들을 위한 특성화 교육과정이 개설될 필요도 있다. 이는 앞서 언급한 '일치도'를 높이기 위한 것으로 유학생들이 졸업 후 한국에 남을 것인가, 고국으로 돌아갈 것인가 등 다양한 변수를 고려해서 교육과정을 세분화하기 위함이다.

2. 유학생을 위한 교육과정

앞서 유학생들의 학습자 특수성을 바탕으로 대학교의 전공과정에서 겪는 어려움이 무엇인지 살펴보았다. 이어서 이와 같은 전공과정 유학생들의 대학 적응의 어려움을 해소시켜 주기 위한 교육과정이 현재 어떻게 운영되고 있는지 살펴보도록 하겠다.

〈표 2-1〉 서울 주요 대학의 외국인 유학생 과정별 현황

대학명	비학위	학위			합계
	어학원	대학	대학원		
		학사	석사	박사	
건국대학교	852(5)	1,273	477	86	1,836
경희대학교	1,193(3)	2,071	682	257	3,010(1)
고려대학교	2,295(1)	1,589	462	161	2,212(4)
동국대학교	753	1,346	546	116	2,008(5)
상명대학교	585	1,035	215	38	1,288

서강대학교	713	243	219	37	499
성균관대학교	404	2,092	333	297	2,722(2)
서울대학교	1,085(4)	224	734	379	1,337
연세대학교	1,583(2)	1,106	583	275	1,964
영진전문대학교	55	309	0	0	309
중앙대학교	810	1,187	521	109	1,817
한국외국어대학교	630	588	263	88	939
한양대학교	510	1,458	633	231	2,322(3)

출처: 교육부, 2016년도 국내 외국인 유학생 통계, 2016.

위 〈표 2-1〉은 서울의 주요 대학의 과정별 유학생 통계를 보여준다. 비학위과정은 고려대학교, 연세대학교, 경희대학교, 서울대학교, 건국대학교 순이고 학위과정은 경희대학교, 성균관대학교, 한양대학교, 고려대학교, 동국대학교 순이다. 비학위과정에서 상위를 차지한 연세대학교, 서울대학교는 상대적으로 까다로운 입학 조건으로 인해서 학위과정에서는 상위에 오르지 못했다. 반대로 비학위과정에서는 상위에 오르지 못한 성균관대학교와 동국대학교는 입학 조건의 완화와 다양한 혜택을 통해서 학위과정으로 많은 유학생들을 유치할 수 있었다.[6] 한양대학교는 공학과 예체능 등 대학의 간판이라 할 수 있는 특정 전공을 특성화시켜서 유학생들을 유치할 수 있었다. 여기서 영진전문대학을 주목할 필요가 있는데, 이 대학은 2년제 전문대학이고 대구에 있기 때문에 서울

6) 보통은 토픽 4급이 4년제 대학의 입학 기준이지만 서울의 주요 대학들은 입학할 때 토픽 3급을 요구하고 졸업하기 전까지 토픽 4급을 취득하는 일종의 입학기준의 완화와 혜택을 유학생들에게 제공하고 있다.

의 주요 대학이라는 비교의 층위가 맞지 않지만 살펴볼 필요가 있다. 2016년에 309명의 유학생이 학위를 받기 위해 이 대학에서 학업을 진행했다. 세부 내용을 들여다보면, 189명이 인문사회 전공이고 120명이 공학 전공이다. 영진전문대학은 전문대학임에도 불구하고, 한양대학교와 마찬가지로 특정 전공을 특성화하여 유학생 유치에 성공한 대표적인 사례 가운데 하나라고 할 수 있다. 물론 학과의 특성화만으로 외국인 유학생 유치에 성공하였다고 판단하기는 어렵다. 여기에는 외국인 유학생들을 친절하게 안내하고 학업에 원활하게 적응할 수 있도록 학문목적 한국어 교육과정이 잘 갖추어져 있는 등의 내부적 요인이 상당한 역할을 했으리라 판단한다.

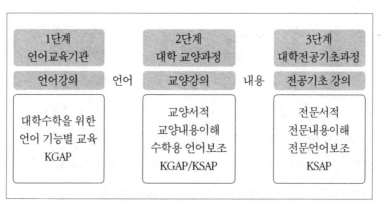

〈그림 2-1〉 학문 목적 한국어 교육과정의 단계

출처: 김유미 · 강현화, "학문 목적 학습자를 위한 학술 전문어휘 선정 연구:한국어 · 문학, 경영학, 컴퓨터공학 전공을 대상으로", 한국어교육 19권 3호, 국제한국어교육학회, 2008, 4쪽.

위의 〈그림 2-1〉에서 김유미·강현화는 '학문 목적 한국어 교육
과정'이라고 했지만, 사실상 '유학생을 위한 교육과정'이라고 봐도
무방하다. 1단계로 어학원에서 한국어를 배우고, 이후에 2단계에
서 교양 수준의 학습을 하고, 마지막 3단계에서 전공별 과목을 공
부하기 때문에 보통 위와 같은 과정을 통해서 학위과정 유학생 교
육이 진행된다고 보면 된다.[7]

1단계는 대학별로 공통적으로 진행되고 있지만 2단계와 3단계
는 대학별로 다른 양상을 보인다.

〈표 2-2〉 대학 교양과정 한국어 관련 강의 현황

구분	교양영역	전공영역
경희대	[공통] 글쓰기1, 2 [선택] 한국어1, 2	
고려대	[공통] 사고와 표현 I, II [선택] 한국어 초급 I, II 한국어중급 I, II 한국어 고급 I, 한국어초급말하기 I, II 한국어 초급 쓰기 한국어중급말하기 한국어 중급 읽기 한국어중급쓰기 학업 한국어 말하기 학업한국어듣기 학업 한국어 강독 학업한국어작문	
동국대	[공통] 한국어 독해와 작문 1, 2	

---

7) 다만 몇몇 용어에 대한 설명이 필요해 보이는데, KGP(Korean for General
Purposes)는 일반 목적 한국어, KAP(Korean for Academic Purposes)는 학문 목적
한국어, KGAP(Korean for General Academic Purposes)는 일반적 학문 목적 한국
어, KIAP(Korean for Instrumental Academic Purposes)는 도구적 학문 목적 한국어,
KSAP(Korean for Specific Academic Purposes)는 특수 학문 목적 한국어로 각각
정의했다.(김지형, "학문 목적 한국어 교육의 체계와 내용", 영주어문 25권, 영주어
문학회, 2013, 75-106쪽.

성균관대	[공통] 창의적 글쓰기 발표와 토론 1, 2 의사소통1, 2, 3, 4, 한국어 매체 읽기 한국어문서작성 사고와 표현 창의와 사유의 기초	학술적 글쓰기 실습 말과 글의 규범 커뮤니케이션의 이해
연세대	[공통] 기초한국어글쓰기 글쓰기	대학한국어이해 I, II 대학한국어표현 I, II 대학한국어어휘 I, II 전문 한국어 이해 전문 한국어 표현

출처: 이유경 외, 외국인 학부생 대상 대학 글쓰기 과목의 교재 개발을 위한 기초 연구, 한국어교육 27권4호, 국제한국어교육학회, 2016, 162쪽.

위의 〈표 2-2〉는 학위과정 유학생들이 대학에 입학했을 때 교양 강의에서 '외국인 전용'으로 들을 수 있는 강좌들이다. 대체로 '한국어'에 초점을 두고 있음을 알 수 있다. 이는 역설적이게도 1단계에서 진행된 한국어 교육이 많이 부족했음을 시인하는 것이기도 하다. 성균관대는 교양과정에서 외국인 전용으로 들을 수 있는 과정이 '한국문화의 이해', '한국역사의 이해', '한국생활의 안내 및 진로지도 1' 이렇게 세 개의 영역이 있다. 연세대는 '외국인 학생을 위한 한국문화의 이해'만을 운영 중에 있다.[8] 즉 기타 필수 교양 강좌들은 한국 학생들과 함께 듣고 한국어와 관련된 강의들과 한국문화, 한국역사, 유학생활 적응 등과 관련된 강좌들은 별도로 유학생들만 수강하는 형태이다. 그러나 성균관대학교와 연세대학교는 전공과정에 들어간 후에도 별도의 교양 강의를 운영해서 학위과정

8) 유백열, "외국인 유학생을 위한 기초교양과목 개설 방안 연구", 한양대학교 대학원 석사학위논문, 2014, 22-23쪽.

유학생들의 한국어 능력을 향상시키도록 돕고 있다. 이는 이 두 대학이 1단계에서 3단계에 이르기까지 유학생의 '학업 적응'을 위해서 꾸준하게 노력하고 있다는 것을 확인할 수 있다.

　이 두 대학은 교육과정을 운영하는 차원에서 몇 가지 차별점을 보인다. 성균관대학교는 유학생이 이수해야할 교육과정들을 별도의 '단과대'에서 진행한다. 반면에 연세대학교는 별도의 '캠퍼스'에서 유학생들이 1년을 거주하면서 학위과정에서 요구되는 한국어 능력과 학업 설계뿐만 아니라, 연세대학교에서 강조하는 인재상을 갖추기 위해 다양한 체험 활동과 전공별 기초 강의까지 제공한다.[9] 이는 동국대를 비롯해서 서울의 많은 대학들이 '한국어', '한국문화', '한국역사', '학업 적응' 등을 위한 교육과정을 국제처나 국제협력센터와 같은 다른 운영기관에서 개별적으로 운영하는 것과는 분명히 구별되는 부분이다. 이를 종합 정리해 보면 다음과 같다.

〈표 2-3〉 학위과정 유학생을 위한 교육과정의 유형

분리형	통합형	거주형
학위과정 유학생에게 요구되는 다양한 교육이 영역별로 분리되어 있음.	학위과정 유학생에게 요구되는 다양한 교육이 하나의 단과대로 통합되어 있음.	학위과정 유학생에게 요구되는 다양한 교육을 해당 학교에서 강조하는 인재상 교육과 함께 거주하면서 운영하도록 함.

9) 연세대학교는 '거주'의 개념을 강조하기 때문에 교육과정을 RC(Resident College)라고 부른다. RC는 학습자의 생활과 학습이 분리되지 않고 융합된 교육과정으로

위의 〈표 2-3〉은 학위과정 유학생을 위한 교육과정의 유형으로 '분리형'이 가장 보편적으로 대학교에서 운영하는 유형이다. 통합형은 성균관대학교에 해당하고 거주형은 연세대학교에 해당한다. 본고에서는 다른 유형들의 장점을 주목하면서도 거주형에 초점을 두고 살펴보고자 한다. 분리형과 통합형이라는 명칭은 진행되는 교육과정의 영역별 분리·통합만을 의미하는 것으로 유학생들에게 제공되는 교육과정의 내용은 크게 다르지 않다. 그렇지만 거주형의 경우, '한국어', '한국문화', '한국사회', '학업 계획'만을 교육과정으로 다루는 것이 아니라, 유학생들이 기숙사에서 거주하면서 전공으로 이수하게 될 '교과목에 대한 이해', 더 나아가 본격적으로 다니게 될 '대학교의 전통과 인재상' 등에 대한 '체험 활동'을 함께 진행할 수 있다는 측면에서 그 장점이 크다고 할 수 있다. 특히 본고에서는 RM(Residential Master)와 RA(Residential Assistants)에 집중하고자 하는데, 그 이유는 RM과 RA가 유학생의 학업 적응에 도움을 주기 때문이다.[10] RM은 쉽게 말하자면 '교수'를 말하는데, 하우스(house)라고 불리는 RC 내의 교육집단로 다양한 교육 프로그램을 제안하고 수행하며 RA 선발과 운영 그리고 RC의 다양한 업무를 지원한다. RA는 2학년 이상의 연세대학교 대학생이나 대학원

학문적인 능력뿐만 아니라 통합적인 사고력과 리더십 향상에 큰 강점이 있는 것으로 알려져있다.(Ryan Mark, "Residential Colleges: A legacy of living and learning together", Change Vol. 27, 1992, 13~25쪽.)

10) 유광수 외, "Residential College 교육환경에서 Residential Assistants의 역할과 전망: 연세대학교(2014학년 1학기) RA 운영과 결과를 중심으로", 교양교육연구, 교양교육학회 12-8, 2014, 42쪽.

생을 말하는 것으로 RM의 지도를 받아 RC 소속 1학년 학생들의 교육에 도움을 주는 역할을 한다. 이는 일종의 멘토(Mento)와 같은 역할로서 관계를 통한 유학생들의 학업 능력 향상에 큰 도움을 주고 있다.

'거주형'으로 교육과정을 이수한 학위과정 유학생의 전공적합성, 학업성취도 등을 분석한 논의는 아직 없다. 다만 높은 자부심을 바탕으로 '대학만족도' 측면에서는 유학생들의 만족도가 매우 높을 것으로 기대된다.

제2절
유학생의 학업 적응을 위한 대학 특성화 교육과정의 의의

유학생의 학업 적응을 위한 대학 특성화 교육과정은 유학생들의 학업 부적응을 막고 학업 중도탈락을 미리 방지하기 위함이다. 또한 대학교의 유학생 교육에 대한 전문성을 강화해서 유학생들의 대학만족도를 높이고 대학교의 자생력을 높이기 위함이다.

본고에서는 학위과정 유학생들의 부적응 원인을 먼저 살펴보고 '언어', '관계', '교육의 질'이라는 요인을 되짚어 봤다. 이어서 현재 학위과정 유학생들에게 제공되는 주요 대학의 교육과정을 살펴보고 크게 '분리형', '통합형', '거주형'으로 유형을 나누었다. 특히 거주형이 학교에서 요구하는 인재상까지 함께 유학생에게 가르칠 수 있기 때문에 교육 만족도를 높인다는 측면에서는 긍정적으로 판단했다.

그렇지만 연세대학교로 대표되는 '거주형'에도 문제가 없는 것은 아니다. 앞서 언급했듯이 언어의 부족, 교육의 질, 관계의 어려움이 유학생의 적응 문제 등으로 나타나고 있는 것이 현실이다. 그러나 '거주형'의 경우, 별도의 캠퍼스에서 1년 동안만 진행되기 때문에 '언어'와 '교육' 그리고 나아가 '학교별 인재상 교육'까지 집중적으로 가르칠 수 있다는 장점이 있는 것과 반대로 교육의 연속성 차원에서 3단계에 이르기까지 유학생 학업 적응을 돕기에는 한계를 지닌다. 이는 4년동안 꾸준하게 진행되어야할 '교육'을 1년이라는 한정된 기간에 집중적으로 진행되는 것으로 보이기 때문이다. RC과정을 거친 후에 서울 캠퍼스에서는 이와 관련된 교육이 '연속적'으로 어떻게 진행되는지에 대한 구체적인 설계가 필요한 대목이다. 또한 '유학생'과 관련된 특화된 교육과정 내용, 혹은 RA와 RM의 업무 분장이 모호하다. 즉 유학생의 경우에도 RC 과정을 받는데 똑같은 업무를 수행하는 RA와 RM을 만나면 별도의 지역에서 '거주'하고 있다는 것 이외에 유학생만을 위한 특수화된 교육과정이 없는 셈이기 때문이다.[11]

본고에서 강조하고 있는 '특성화 교육과정'란, '언어', '관계', '교육의 질' 모든 분야를 충족시키면서 학교에 대한 자부심, 더 나아가서 한국에 대한 친근감을 갖도록 하는 교육과정을 말한다. 그러므로 본고에서는 '거주형'이 갖고 있는 장점 별도의 캠퍼스에서 대학

---

11) 유광수 외("Residential College 교육환경에서 Residential Assistants의 역할과 전망: 연세대학교(2014학년 1학기) RA 운영과 결과를 중심으로", 교양교육연구, 교양교육학회 12-8, 2014, 54쪽.)은 유학생과 관련된 언급은 아니지만 RA와 RM의 업무 분장이 좀 더 세분화되고 특별화될 필요가 있다는 언급을 했다.

교의 '자부심'을 갖는 방향의 교육을 집중적으로 받는 것, 같은 학교의 선배, 동료들과 관계를 쌓을 수 있는 것(외국인 대학 교육과정에서 나타나는 단점을 1년에 모든 문제를 해결할 수 없다는 것과 연속적으로 교육과정을 운영할 수 있는 방안 부재, 유학생만을 위한 RA, RM의 역할 모호 등)을 보완하는 방향으로 학위과정 유학생 교육과정을 특성화시키기 위한 모형을 설계하고자 한다.

제**3**장

대학 특성화 교육과정
설계의 기저 및 원리

제1절
대학 특성화 교육과정 설계의 방향

앞 장에서 유학생들이 학위과정에서 어려움을 느끼는 요인들을 찾아보았다. 물론, 본고 역시 이와 관련한 내용들을 '만족도 및 요구분석'을 실시하여 추후 제 4장에서 자세하게 제시할 계획이다. 선행연구를 통해 드러난 요인은 '한국어 능력의 부족', '목표어 공동체로의 진입 실패'[1] '학위과정 교육의 질' 등이었다. 현재 대학별로 운영되고 있는 교육과정의 경우, '분리형', '통합형', '거주형'으로 구분된다. 분리형과 통합형의 경우, 대동소이한 교육 내용을 각각 다른 교육 주체에서 담당하느냐 아니냐가 기준이었고, 거주형

---

1) 목표어란 유학생의 언어 학습에 목표가 되는 언어로서 목표어가 실제 사용되는 환경에서 목표어 학습이 수월하다는 전제로 연구가 진행되었다.(이복자, "목표어 사회에서의 언어적 상호작용이 학습자의화용 이해에 미치는 영향 - 거절 화행과 함축 의견 이해를 중심으로-", 언어와 문화 10-2, 한국언어문화교육학회, 2014, 112쪽.)

의 경우에는 분리형과 통합형과 교육 내용은 유사하지만 목표어의
모국어 화자들과 함께 거주하면서 1년 동안 집중 교육을 받는다는
차이점이 있었다.

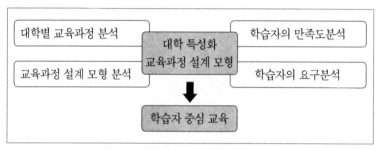

〈그림 3-1〉 대학 특성화 교육과정 설계의 방향

　본고가 지향하는 설계 방향은 '학습자 중심 교육'이다.[2] 학습자
중심 교육에서 가장 중요한 요소는 학습자들이 배우고 싶어 하는
학습자 '요구'를 정확하게 반영하는 것과 학습자들의 요구는 적을
수 있지만 향후 해당 학습자들에게 도움이 될 수 있는 잠재적 학습
자 요구를 반영하는 것이다. 본고에서는 전자를 반영하기 위해서
유학생들을 대상으로 현재 한국에서 유학생활을 하고 있는 유학생

---

2) 박성일 · 민용성은 "장자는 '무위'의 가르침을 통해 자연 순응의 법칙을 따를 것을
　주장한다. 이 관점에 따르면, 학습자 중심 교육은 모든 학생을 보다 적게 간섭하고
　통제하며, 학생을 충분히 존중하고 신임하며, 소외된 학습자를 배려하고 도와주는
　것으로 이해되어야 할 것이다."라고 주장했는데 '소외된 학습자'를 학업에 어려움
　을 겪고 있는 학위과정 유학생으로 놓고 보자면, 본고가 교육과정 설계의 방향을
　'학습자 중심 교육'으로 설정한 것에 대한 근거가 될 수 있다.(박성일 · 민용성, "후
　기 구조주의와 도가(道家)사상의 교육적 함의: 학습자 중심 교육에 대한 성찰", 학
　습자중심교과교육연구 16-10, 학습자중심교과교육학회, 875쪽.)

들을 대상으로 '만족도 및 요구 분석'을 실시하고자 한다. 그리고 후자를 반영하기 위해서 현재 대학에서 운영되고 있는 교육과정의 장점과 단점을 비판적으로 분석할 것이다. 이러한 분석 결과를 토대로 대학에서 학위과정 유학생을 위한 교육과정을 설계할 때 고려해야할 요소들을 제시하고자 한다.

　이러한 연구 과정을 시행하는 이유는 최초 대학에서 교육과정을 설계할 때 유학생 보다는 모국어 학습자의 비중을 높게 보는 경향 때문이다. 학습자 중심 교육이 현재 한국 사회에 안착했다고 전제했을 때 그 학습자군 중에서 큰 비중을 차지하게 된 유학생의 요구도 적극적으로 교육과정에 반영될 필요가 있다.

제2절
대학 특성화 교육과정 설계 유형과 방법

    교육과정은 좁게 정의할 수도 있고 넓게 정의할 수도 있다. 좁은 의미로 교육과정은 학습자가 바람직한 목표를 설정하고 성취하도록 돕는 활동계획이다.[3] 가장 흔하게 접할 수 있는 교육과정의 정의로 사전에 위계화를 실시하고 가르칠 내용을 분류해서 학습자로 하여금 따라오도록 만드는 교육과정이다. 반면에 넓은 의미에서 교육과정은 학습자가 경험하는 모든 것을 다루는 것을 말한다.[4] 이는 교육이 진행되는 교육 공간뿐만 아니라 교육 공간 밖에서 진행되는 경험을 모두 함의하는 것이지만, 교육 공간 밖에서 일어나는 경험의 경우는 계획된 것만을 교육과정으로 포함하게 된다.

---

3) Tyler, R., 「Basic principles of curriculum and instruction」, 진영은 역(「Tyler의 교육과정과 수업지도의 기본원리」, 파주: 양서원, 2010), 1949.
4) Dewey, J. 「Experience and education」, New York: Macmillan, 1938.

본 절에서는 교육과정의 일반적인 유형들을 선행연구 분석으로 개괄하고 이 가운데에서 학위과정에 있는 유학생에게 적합한 모형이 무엇인지 탐색해 보도록 하겠다.

1. 설계 유형

교육과정은 학습자, 사회 등의 요구가 우선이고 이에 대한 반응으로 새로운 교육과정의 설계가 시작된다. 물론 새로운 교육과정을 설계할 때는 설계에 참여할 집단을 조직하고 이에 요구되는 물적 조건을 완비해야 한다. 이는 교육과정의 설계의 시작이 되는 '교육과정 설계 모형'이 어떤 요구를 반영하고 어떤 조직을 참여시키느냐에 따라서 교육과정 전반의 성패와 성격을 좌우할 수 있기 때문이다. 그러므로 최초 설계 모형을 어떻게 선택하는지 그리고 어떤 내용을 넣을 것인지 등은 교육과정을 설계할 때 매우 중요한 문제이다.

본고에서는 널리 통용되고 있는 교육과정 설계 모형 이론들을 제시하고 이에 대한 비판적 고찰을 통해서 본 논의에 부합하는 적절한 모형을 탐색해 보고자 한다. 우선, 보통 직선적인 모습을 보이지만 선형적으로도 적용할 수 있는 전통적 교육과정 설계 모형부터 살펴보자. 전통적 교육과정 설계 모형에서 지금까지 높은 영향력을 확보하고 있는 것은 Tyler의 모형이다.[5] Tyler는 명확한 수업 목표

---

5) Tyler, R., 「Basic principles of curriculum and instruction」, 진영은 역(「Tyler의 교육과정과 수업지도의 기본원리」, 파주: 양서원, 2010), 1949.

를 설정할 것, 이를 바탕으로 교육 내용을 선정하고 조직할 것, 교사
가 이것을 학습자에게 잘 안내할 것, 평가를 통해서 이 내용들이 얼
마나 잘 전달되었는지 확인할 것 등을 제안하였다. 그런데 Tyler의
모형에서 주목할 부분은 '명확한 수업 목표'이다. 이 명확한 수업 목
표를 설정하기 위해서 Tyler는 '학습자', '사회', '교과'에서 요구되는
사항들을 토대로 잠정적인 목표를 정하고 이를 학교의 교육철학과
학습 심리적 내용에 근거하여 최종 수업 목표를 도출해야 함을 강
조하고 있다. Tyler의 교육과정 설계 모형을 제시하면 다음과 같다.

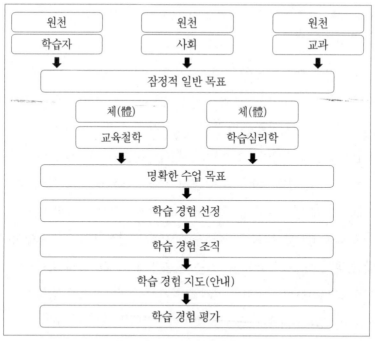

〈그림 3-2〉 Tyler의 교육과정 설계 모형

출처: Peter F. Oliva, 「Developing the Curriculum」, Prentice Hall, 2008, 198쪽.[6]

위의 〈그림 3-2〉는 Tyler의 모형을 도식화 한 것이다.[6] Oliva는
이 모형이 "다양한 구성 요소 간의 두드러진 선형적 특성과 상호
의존성의 부족"이라는 측면에서 매우 직선적이라는 문제를 지적
하고 있다. 그러나 Habermas의 지적처럼 교육과정 개발에 최초로
'합리적인 틀'을 제시했다는 점에서 중요한 모형임에는 틀림없다.[8]

즉 교육과정을 설계한다고 전제했을 때 참고할만한 최초의 논의
라는 점에서 Tyler의 모형은 그 의의가 충분히 인정된다고 할 수 있
다.

앞서 직선적인 교육과정 설계 모형을 살펴봤다면, 이번에는 순
환적인 교육과정 설계 모형을 살펴보고자 한다. 순환적인 모형에
서 가장 주목할 만한 교육과정 설계모형은 Hunkins의 모형이다.
Hunkins의 교육과정 설계 모형을 제시하면 다음과 같다.

---

6) Tyler는 본인이 저서를 통해서 설명한 교육과정 설계와 관련한 내용을 도
식화하여 설명한 적이 없다. 그래서 Oliva(「Developing the Curriculum」,
Prentice Hall, 2008, 198쪽.)에서 밝힌 것과 같이 W. James Popham & Eva L.
Baker(「Establishing Instructional Goals」, Prentice-Hall, 1970, 87쪽.)을 참고하여
모형을 제시하였다.
7) Tyler의 모형이 보편적인 원리에서 개별적인 것을 향해 진행되는 직선형이라
면 Taba의 모형은 개별적인 것에서 보편적인 원리를 향해 진행되는 직선형이
다.(Taba, H,, 「Curriculum Development: Theory and Practice」, New York:
Harcourt, Brace & Jovanovich., 1962.) 그래서 Tyler의 모형을 연역적 개발모
형이라고 하고 Taba의 모형을 귀납적 개발모형이라고 한다. Taba는 현장성을
좀 더 보강하기 위해서 교육과정 설계자들이 지켜야할 절차를 구체적으로 제
안했다는 의의가 있다.(신경희, 「교육과정의 이해」, 서울: 학지사, 2014, 76-78
쪽.)
8) Habermas, J., 「Knowledge and Human Interests」, trans by J. J. Shapiro, Boston:
Beacon Press, 1971.

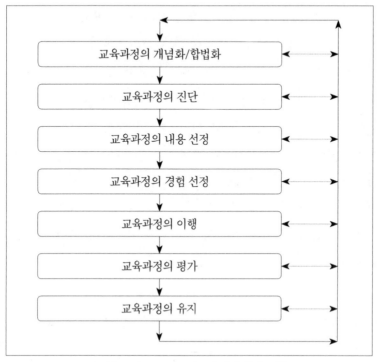

〈그림 3-3〉 Hunkins의 교육과정 설계 모형

출처: Hunkins, F, P., 「Curriculum Development: Program Improvement」, A Bell & Howell Co, 1980.

Hunkins의 모형은 필요성에 대한 '철학적인 질문'에 해당하는 개념화와 합법화를 시작으로 '진단', '내용 선정' 그리고 '경험 선정', '이행', '평가'의 단계를 진행된다. 이 모형은 교육과정 설계의 모든 단계에 '환류'를 포함하고 있다는 특징이 있다. 이에 대해서 오만록은 Hunkins의 모형이 "의사결정의 적합성을 높일 수 있도록 해주는 모형"이라고 지적한다.[9] 즉 교육과정 설계에서 문제가 발생했을 경우, 언제든지 이전과정으로 돌아가서 문제를 해결할 수 있다는 것이다. 또한 '교육과정의 유지'라는 단계도 매우 특징적인데, 이는 교육과정을 개발하는 것으로 종료하는 것이 아니라 설계한 교육과정이 유지·발전할 수 있도록 하는 지원체계 혹은 관리방법 등을 제시하는 것을 말한다. '환류'와 '지속적인 발전'이라는 측면에서 Hunkins의 모형은 그 의의가 있다. 그러나 구체적으로 '교육과정의 유지' 방법에 대한 진술이 없는 것은 아쉬운 대목이다.

Skilbeck은 Tyler가 주창한 교육과정 설계 모형에 대해서 학습자의 특성과 사회의 특성 그리고 학습자의 요구사항과 사회의 요구사항 등이 소홀히 되는 것은 적절한 '상황분석' 없이 교육과정이 설계되는 것과 유사하다고 비판한다.[10] 그래서 Skilbeck은 Tyler의 교육과정 설계의 기본 틀에 이 '상황분석'을 추가하고 교육과정을 설계하는 설계자가 필요와 상황분석에 따라서 모형의 순서나 절차를 지키지 않거나 결합하여 운영할 수 있도록 하는 새로운 교육과정 설계 모형을 제안한다. Skilbeck의 교육과정 모형을 제시해보면 다음과 같다.

9) 오만록, 「교육과정론」, 서울: 동문사, 2010, 226쪽.
10) Skilbeck, M., 「School-based Curriculum Development and Teacher Education」, Mimeograph, OECD, 1976.

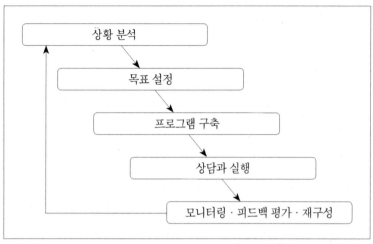

〈그림 3-4〉 Skilbeck의 교육과정 설계 모형

출처: 오만록, 「교육과정론」, 서울: 동문사, 2010, 231쪽.

위의 〈그림 3-4〉는 Skilbeck이 자신의 교육과정 설계 모형을 도식화하여 설명하지 않았기 때문에 오만록이 도식화한 것을 제시한 것이다. 가장 먼저 '상황 분석 단계'는 이 단계에서는 교육과정 설계의 상황인 외적, 내적 요인들을 분석하는 단계이다.[11] '목표 설정 단계'는 예상되는 학습결과를 도출하는 단계이고, '프로그램 구축 단계'는 구체적으로 교수·학습에서 요구되는 내용들을 구축하는 단계로 이 단계에서는 교육이 진행되는 교실공간에서의 환경까지

---

11) 외적 요인은 사회적인 변화와 문화적인 변화, 부모들의 요구와 기대심리, 고용주의 요구, 내가 속한 사회의 가치, 부모와 자식 사이의 인간관계, 이데올로기, 교육제도의 요건과 도전, 교과의 성격 변화, 교사 지원체제, 학교 내로 들어오는 자원의 유입 등을 말하고, 내적 요인은 학생, 교사, 학교의 정치적 구조 등이 가지고 있는 내적인 요구와 갈등 등을 말한다.(Skilbeck, 「School-based curriculum development and teacher education policy」, London: Harper&Row, 1984.)

도 고려되어 설계된다. '판단과 실행 단계'는 설계한 교육과정이 유동적으로 적용되도록 요소들을 반성적으로 검토하는 단계이고, 마지막 '모니터링, 피드백 평가, 재구성 단계'는 모니터링과 피드백을 지속적으로 반복하면서 교육과정을 새롭게 보강해 가는 과정을 말한다.

이 교육과정 설계 모형은 단순히 학교의 교육 관계자들이 이미 설계가 완료된 교육과정을 가지고 '실행'만을 담당하던 전통적 교육과정에서 진일보하여 학교별 특수성에 맞춰서 반성적으로 교육과정을 재구성할 수 있도록 했다는 측면에서 그 의의가 있다.[12]

다음으로는 Oliva의 교육과정 설계 모형이 있다. 이 모형은 일반적인 학생들의 요구를 세분화하여 반영하고 학습자, 교과, 지역사회의 특성을 고려하여 교육과정의 목표를 설정한다는 데 있어 교육과정의 실행적 측면에서 상당한 유효성이 있다. Oliva의 교육과정 설계 모형을 제시해보면 다음과 같다.

---

12) Brady, C(「curriculum development」, New York: Prentice-Hall, 1992)도 Skilbeck과 같이 학교중심의 교육과정 설계를 주장했는데 교육과정에 참여하는 개발자, 시간, 접근 방법 등을 더 구체화하여 변인으로 제시했다는 차별점이 있다.

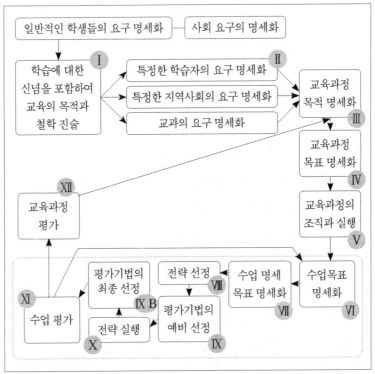

〈그림 3-5〉 Oliva의 교육과정 설계 모형

출처: Oliva, 「Developing the Curriculum」, Prentice Hall, 2008, 205쪽.

위의 〈그림 3-5〉는 Oliva의 교육과정 설계 모형이다. 우선 '사각형'은 '계획 단계'를 나타내고 '원'은 운영단계를 말한다. 구성요소 Ⅰ은 학습에 대한 신념을 포함하여 교육의 목적과 철학을 진술한다. 구성요소 Ⅱ는 학습자와 학습자 주변 환경의 다양한 요구들을 분석한다. 구성요소 Ⅰ이 보다 일반론적이라면 구성요소 Ⅱ는 보다 더 집약적이라서 특정 장소로 제한된다. 구성요소 Ⅲ은 구성요소 Ⅰ과 구성요소 Ⅱ를 근거로 교육과정의 목적을 만들고 구성요소 Ⅳ는 교육목표를 만든다. 구성요소Ⅴ는 교육과정의 조직과 실행에 해당하는 것으로 구성요소Ⅰ부터 구성요소Ⅳ까지를 바탕으로 교육과정의 구조화가 진행되는 단계이다. 구성요소Ⅵ과 구성요소Ⅶ은 '구체화'라는 용어에서 확인할 수 있듯이 학습자의 수준과 교과의 성격에 맞춰서 목적과 목표가 구체화된다. 구성요소 Ⅷ은 교실 상황을 상정한 것으로 구성요소ⅨA는 평가방법을 예비로 선정하고 구성요소Ⅹ에서 수업전략을 실제 사용한 후에 구성요소ⅨB에서 평가방법을 최종적으로 결정한다. 그러므로 구성요소Ⅹ은 교육과정 설계자에게 '수정'할 수 있는 기회를 주면서 학습자의 행위를 평가하는 방법을 최종 결정하게 만드는 단계가 된다.[13] 구성요소ⅩⅠ은 교수 · 학습이 완료된 후에 평가가 이루어지는 단계이다. 특이하게도 이 모형에서는 구성요소Ⅹ Ⅱ에서 교육과정에 근거해 구성요소Ⅵ부터 구성요소ⅩⅠ까지 진행된 교육 프로그램을 평가하는 툴(tool)을 완성하게 된다. 이 모형에서 구성요소Ⅰ부터 구성요소Ⅴ 그리고 구성요소Ⅶ는 교육과정 개발에 해당하고 구성요소Ⅴ부터 구성요소ⅩⅠ까지는 수업의 설계에 해당한다.

Oliva는 이 모형의 주요한 특징으로 "교육과정 평가에서 교육목표까지 그리고 수업평가에서 수업목표까지 순환하는 피드백"이라고 말한다.[14] 이를 통해 구성 요소들을 지속적으로 특정 교육 공간의 상황과 학습자들의 평가에 따라서 교육목적과 교육목표를 탄력적으로 운영할 수 있게 만든다. 그렇지만 이에 대해서 반론도 있는데, Oliva

---

13) Oliva은 구성요소Ⅹ를 '교수단계 요소'라고도 불렀다.(Peter F. Oliva, 「Developing the Curriculum」, 7th Edition, Prentice Hall, 2008, 206쪽.)
14) Peter F. Oliva, 「Developing the Curriculum」, 7th Edition, Prentice Hall, 2008, 206쪽.

의 모형은 앞서 언급한 Tyler의 모형에 '환류'를 강조하여 구체적으
로 제시한 것에 불과하다는 것이 그러한 비판적 지적에 해당한다.[15]

　마지막으로 검토한 모형은 '백워드 설계(Backward Design)'으
로 불리는 Wiggins와 McTighe의 모형이다.[16] 사실 이 교육과정 설
계 모형은 '학문중심 교육과정'을 먼저 주장했던 Bruner의 이론에
서 진일보한 것이라 할 수 있다.[17] Bruner는 '교과의 구조'를 '기본
적 아이디어', '개념과 원리', '탐구과정' 등을 통해 사실적인 지식들
을 알아갈 것을 강조한다. Bruner는 이와 같은 '교과의 구조'가 반
영된 교육과정을 설계해야 한다고 주장했는데 이때 학습자의 인지
적 발달단계를 고려해서 '작동적', '영상적', '상징적' 표현양식을 통
해서 제시해 주어야 한다고 주장한다. Bruner의 이론이 유행하자
교사의 능력에 상관없이 학생들이 스스로 사실적인 지식들을 통해
개념과 원리를 알아가고 탐구할 수 있도록 하는 교육과정과 교재
제작이 유행하게 되었다. 그렇지만 Bruner의 이론에 근거해서 교
육과정을 만든 설계자와 실제 교육 현장에서 수업을 진행하는 교
사 사이에서 교육과정에 대한 이해의 간극이 좁혀지지 않으면서
이 이론의 영향력은 줄게 되었다.

　Wiggins와 McTighe는 바로 이 간극을 좁히기 위해서 백워드 설

---

15) 오만록, 「교육과정론」, 서울: 동문사, 2010, 257쪽.
16) 여기서 사용하는 'Backward'라는 말은 전통적인 교수설계의 역순으로 설계한다
　　는 'Forward'와 상반되는 개념으로 사용된다.(이병기, "백워드 설계 모형을 적용
　　한 '도서관과 정보생활' 교과의 교수설계에 관한 연구", 한국비블리아학회지 22-
　　3, 한국비블리아학회, 2011, 6쪽.)
17) Bruner, J., 「The Process of education」, New York: Viking, 1960.

계를 제안한다. Wiggins와 McTighe는 먼저 국가수준에서 교과 전
문가들이 교과별 빅 아이디어와 개념, 원리, 포괄적인 질문 등을 제
시한다. 그 다음으로 코스별로 즉 학년수준별로 이러한 일반적인
원리와 핵심 질문에 구체적인 작은 개념들을 결합해서 구체적인
수준의 핵심 질문들과 교과별 교육 내용을 재구성한다. Wiggins와
McTighe의 모형을 구체적으로 제시해보면 다음과 같다.

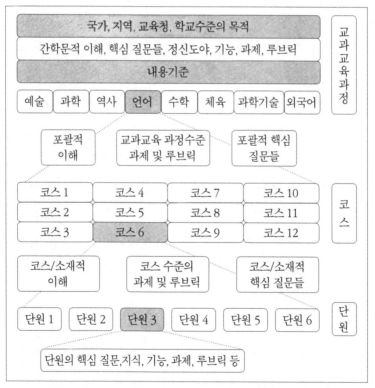

〈그림 3-6〉 Wiggins와 McTighe의 백워드 교육과정 설계 모형[18]

출처: Wiggins, G & McTighe, 「Understanding by Design」, 2nd Ed, Alexandria, Virginia:
Association for Supervision and Curriculum Development, 2005, 205쪽.

Wiggins와 McTighe가 제시한 모형의 가장 큰 특징은 교과교육과 정 차원에서 이미 '바라는 결과'가 도출되어 있다는 점이고, 이에 대 한 '핵심 질문'이 주요하게 다뤄진다는 점이다. 즉, 핵심 질문을 통해 서 학습자의 이해 정도를 파악하고 이 수준에 맞춰서 교과과정이 운 영되기 때문에 전통적인 교육과정과 반대로 운영되는 '백워드'라는 말로 불린다.

전통적인 교육과정은 활동으로 수업이 진행되는 것에만 관심을 두고 그 활동이 함의하고 있는 내용에 대한 성찰이 없다. 그러다보 니 단순히 흥미 있게 활동이 진행되면 좋은 수업으로 간주된다. 또 한 교사들이 주어진 시간에 주어진 학습 내용을 맹목적으로 전달 하여 주어진 진도를 끝내기에 초점을 두기 때문에 학습자들이 진 정한 '이해'에 도달했는지 확인하지 못한다는 문제점이 있다.[19]

그런 의미에서 Wiggins와 McTighe는 학습자들의 현재 수준을 바탕으로 학생들이 학습한 지식을 설명할 수 있고 그 의미를 해석 하며, 지식을 활용하여 주변 사실이나 관련 지식에 대해 다양한 관 점을 갖고 감정적으로 공감하며, 이를 통해 자기 자신을 되돌아 볼 수 있어야 진정으로 '이해'했다고 하며, 이러한 진정한 '이해'를 하

---

18) '루브릭'은 수행과제에 대한 평가준거와 수행의 질을 자세하게 묘사한 평가도 구이다.(Montgomery, K., "Classroom rubrics: Systemizing what teachers do naturally", The Clearing House, 73, 2000, 324-328쪽.). '루브릭'은 학생들의 작 품을 목록화하고, 등급을 결정하며 점수화하기 위한 도구이다.(Goodrich, H., "Understanding rubric", Educational Leadership, 54(4), 1996-97, 14-17쪽.)

19) McTighe, J. and R. Thomas., "Backward Design for Forward Action" Educational Leadership, 60(5), 2003, 53쪽.

기 위해서 이해 중심의 교육과정 설계가 필요함을 주장한다.[20]

일부 연구자들은 Wiggins와 McTighe의 모형이 Tyler의 교육과정 설계에서 아이디어를 얻었기 때문에 순서가 바뀌었다는 것을 제외하면 동일하다고 주장한다.[21] 그러나 교육과정 설계 모형에서 '단계'를 제시했다는 측면에서만 동일할 뿐이다. Tyler는 교육의 목표를 분명하게 제시하지 않았지만 Wiggins와 McTighe는 '이해'라는 분명한 교육목표를 제시했기 때문에 이 둘의 교육과정 설계는 사실상 구별된다.

지금까지 'Tyler의 모형', 'Hunkins의 모형', 'Skilbeck의 모형', 'Oliva의 모형', 'Wiggins와 McTighe'의 모형을 살펴보았다. Tyler의 모형이 최초로 교육과정의 합리적인 틀을 제안했다는 것, Hunkins의 모형이 직선적 모형에서 벗어난 순환형 모형을 제안했다는 것, Skilbeck의 모형이 학교별 특수성에 맞춰서 교육과정이 재조정될 수 있음을 제안했다는 것, Oliva의 모형이 실제 교육현장에서 실제 교육과정을 돌려보고 '평가방법'을 수정하도록 했다는 것, 마지막으로 Wiggins와 McTighe의 모형이 '이해'를 목적으로 앞서 소개한 교육과정과는 반대로 진행되는 '백워드 설계'라는 것까지 살펴보았다.

앞서 분석한 '교육과정 설계 모형'들의 장점을 취하는 방향으로

---

20) 이병기, "백워드 설계 모형을 적용한 '도서관과 정보생활' 교과의 교수설계에 관한 연구", 한국비블리아학회지 22-3, 한국비블리아학회, 2011, 10쪽.
21) 김경자 · 온정덕, 「이해중심 교육과정: 백워드 설계」, 서울: 교육아카데미, 2014, 43쪽.

본고에서 주장하는 유학생 학업 적응을 위한 특성화 교육과정 모형 연구를 구안한다고 했을 때 고려해야할 사항은 다음과 같다.

첫째, 기본적인 교육과정 설계 모형의 틀은 Tyler의 모형을 전제로 하지만 Hunkins의 모형처럼 '순환의 원리'를 반드시 반영해야 한다. 특히 학습자가 유동성과 특수성을 보유한 '유학생'이라면 더욱더 문제를 해결하는 방향으로 '순환'될 수 있도록 교육과정이 설계되어야 할 것이다.

둘째, Skilbeck의 모형에서 알 수 있듯이 학교별 특수성에 맞춰서 교육과정이 탄력적으로 '재조정'될 수 있어야 한다. 예를 들면, 서울의 대학과 수도권의 대학 그리고 지방의 대학이 '접근성'이라는 측면에서 차이가 나고 특수한 전공이 있는 학교와 그렇지 않은 학교 등은 유학생이 전공을 선택할 때도 차이가 난다. 이와 같은 점을 고려해서 학교별로 탄력적으로 교육과정을 설계할 수 있는 방향으로 구성되어야 한다는 것이다.

셋째, Oliva의 모형처럼 평가방법의 '실제성'의 확보해야 하고 이를 위해서 Wiggins와 McTighe의 모형처럼 '백워드 설계'를 지향해야 한다는 것이다. Wiggins와 McTighe의 모형은 '순환의 원리', '대학별 특수성 반영', '대학 상황별 탄력적 적용', '실제성 있는 평가방법 구축' 등이 모두 유연하게 적용될 수 있는 교육과정 설계 모형이기 때문이다.

2. 설계 방법

본절에서는 학위과정 유학생들의 학업 적응을 돕기 위한 대학별 특성화 교육과정 설계를 위한 기초 모형을 구안하고자 한다. 이를 위해서 Tyler의 모형, Hunkins의 모형, Skilbeck의 모형, Oliva의 모형, Wiggins와 McTighe의 모형까지 모형 개발의 분명한 특성과 교육학적 의의를 검토해 보았다.

앞서 학위과정 유학생들의 부적응의 요인으로 '언어', '관계', '낮은 대학 만족도'를 가장 큰 이유로 꼽았다. 그러므로 학위과정 유학생들의 학업 적응을 돕기 위한 대학별 특성화 교육과정 설계의 방향으로 '학습자 중심'으로 그 방향이 설정되어야 한다. 즉 학위과정 유학생들이 한국 대학에서 학업 적응의 요인으로 꼽은 '한국어 능력', '학술적 공동체', '대학 만족도' 등에 대해서 만족시켜 주는 방향으로 실천되어야 한다는 뜻이다.

Wiggins와 McTighe의 모형 이전의 모형들은 최초 교육과정 설계자, 교육과정을 운영하는 교사, 그리고 학부모와 학습자가 속한 사회 등 다양한 요구들을 반영해서 교육과정을 만들어 왔다. 물론 교육과정을 설계하면서 학습자들의 요구사항도 고려한 것은 사실이지만 학습자들의 이해를 바탕으로 교육 현장의 요구에 부응하지는 못했다. 그러한 의미에서 본고에서는 Wiggins와 McTighe의 모형을 기본으로 '한국어 능력', '학술적 공동체', '대학 만족도' 등에 대한 만족도를 높이는 방향에서 새로운 교육과정 설계 모형을 제안하려고 한다.

Wiggins와 McTighe의 모형의 교육과정 설계 단계를 보다 자세하게 제시하면 다음과 같다.

〈표 3-1〉 이해 중심 교수설계를 위한 백워드 설계[22]의 단계

1단계	2단계	3단계
바라는 결과 확인하기	수용 가능한 증거 결정하기	학습경험과 수업 계획하기
• 영속적인 이해(설정된 목표) • 본질적 질문 • 학생들이 알아야 할 지식 • 학생들이 할 수 있어야 하는 기능	• 수행과제(GRASPS) • 핵심 증거 • 다른 증거	• 학습경험과 수업의 계열(WHERETO)

출처: 이병기, "백워드 설계 모형을 적용한 '도서관과 정보생활' 교과의 교수설계에 관한 연구", 한국비블리아학회지 22-3, 한국비블리아학회, 2011, 11쪽.

위의 〈표 3-1〉에서 알 수 있듯이, 제1단계 '바라는 결과 확인하기'는 보통 교수 목표에 해당한다. 즉, 이 수업을 통해 성취하고자

---

22) 백워드 설계는 '지식'을 주입하는 교육, 혹은 '지식'은 없고 학습자의 흥미만을 고려하는 활동 위주의 교육, 그래서 학습자들이 '지식'을 이해하지 못하고 학습자들이 배운 지식을 실생활에서 활용하지 못하는 문제처럼 교육계에서 제기되어 온 그간의 문제를 해결하기 위해 나온 '교육 개혁 운동'의 일환이다.(박일수, "이해중심 교육과정 통합의 가능성 모색: 백워드 설계 모형(backward design)을 중심으로", 통합교육과정연구 8-2, 한국통합교육과정학회, 2014, 3쪽.) 이런 백워드 설계의 장점은 전이성이 높은 빅아이디어를 중심으로 '교육내용'을 선정하고 학습자들간의 적극적인 의미구성이 발생하도록 '수업환경'을 제공하며, 실생활 중심의 '수행평가'와 '프로젝트 과제'를 통해서 학생들의 문제해결능력과 창의력 등을 평가한다. 단점은 '운동'의 일환으로 시작이 되다보니까 구체적인 운영방법 등에 대한 논의가 부족한 편이다. 그래서 다양한 학습자 그리고 다양한 교과를 대상으로 백워드 설계를 활용한 개별교과에 대한 '방향 탐색', '교육과정 모형 개발' 등과 같은 연구가 현재 활발히 진행되고 있다.(이지은, "백워드 설계 모형을 적용한 이해 중심 교육과정 개발", 경북대학교 대학원 박사학위논문, 2011.)

하는 목표를 말하는 것으로 일종에 '예상되는 성취 결과'라고 볼 수 있다. 여기서 '영속적 이해'란 앞서 설명한 '이해'와 같은 말로써 교과의 중심부에 있는 빅 아이디어와 주요 개념 그리고 원리를 말하며 시간의 흐름 속에서 변하지 않는 불변의 지식 그 차제를 가리킨다. 학생들이 알아야 할 지식은 학습목표를 선정할 때 공통적으로 적용되는 교육과정의 학습목표와 연계성을 갖기 위함이고 학생들이 할 수 있어야 하는 기능은 난이도 측면에서 적합한 목표를 구성하기 위함이다.

제2단계 '수용 가능한 증거 결정하기'는 앞 단계의 '영속적인 이해(설정된 목표)'를 학습자가 성취했다는 증거를 찾는 단계로써 '평가'에 해당한다. 이 단계는 '학습경험'을 진행하기 전에 진행되는 평가이기 때문에 전통적인 교수설계와 차별화되는 단계이다. 즉 1단계에서 보편적인 범주의 교육과정 내의 내용을 바탕으로 인지 발달 단계 그리고 학습자 요구 등을 고려하고 수업에서 강조하고자 하는 '빅 아이디어'에 근거한 학습목표를 선정했다고 하더라도 실제 학습자들을 대상으로 간단한 평가를 진행한 후에 실제 수업으로 구성하여 진행하겠다는 것이다.

제3단계 '학습경험과 수업 계획하기'는 진행할 수업 내용과 활동을 계획하는 단계이다. 보통 수업을 설계할 때 포함되는 교수 · 학습 목표 설정, 수업방법, 수업 자료, 학습 경험 등을 구체적으로 진술하는 단계이다. 이 단계에서 주목할 부분은 앞서 2단계의 평가를 기준으로 구체적인 교수 · 학습 내용이 진술된다는 점이다. 1단계에서는 학습자와 관련된 고려할 수 있는 것들 대부분을 반영해서 수업을 설계하고 2단계 평가를 거치면서 보다 학교별, 교실별로 세분화되는 과정을 거친다. 그리고 3단계에서 1단계와 2단계를 통해 축적된 정보를 바탕으로 수업을 설계하기 때문에 학습자 중심의 수업 설계가 가능하다.

  1단계부터 3단계는 '단계' 수준에서 진행되는 것으로 교사가 학생을 가르치는 주체이기도 하면서 교육과정의 개발자로서 참여하는 백워드 설계의 특징을 보여주는 것이다.[23] 그렇다면 학위과정 유학생들의 학업 적응을 돕기 위한 대학별 특성화 교육과정을 설계할 때 고려되어야 할 원리들은 무엇이 있는지 살펴보도록 하겠다.

---

23) 김경자·온정덕, 「이해중심 교육과정: 백워드 설계」, 서울: 교육아카데미, 2014, 43쪽.

제3절
대학 특성화 교육과정 설계 원리의 개발

앞 절에서 주요한 교육과정 설계 모형들을 검토했다. 이 절에서는 본격적인 학위과정 유학생들의 요구 분석에 앞서 학위과정 유학생의 학업 적응을 위한 '대학 특성화 교육과정 설계'에서 요구되는 주요한 '설계 원리'들을 검토하고자 한다.

1. 학습자의 요구 및 특성

본고에서 개발하는 교육과정 설계 모형은 '학습자 중심 교육'을 지향한다.

〈표 3-2〉 학습자 중심 교육

영역	특징
학습자의 태도	학습자가 학습에 능동적으로 참여함.
학습의 선택과 책임	학습과정에 있어서 학습자의 선택과 자율성이 강조됨.
학습자-교사의 관계	수업에서 교사와 학습자가 상호 존중 및 신뢰의 태도를 가짐
학습 과정 및 방법(전략)	학습자들의 경험과 수업 내용/방법을 통합함.
	교수와 학습 과정에 대해 반성적 사고가 이루어짐.
	개별화 수업이 이루어짐.

출처: 최영인, "학습자중심교육의 의미에 대한 현직 국어 교사들의 인식", 국어교육학연구, 43, 국어교육학회, 2012, 526-527쪽.

  학습자 중심 교육은 말 그대로 학습자가 중심이 되는 교육이다. 위의 표에서 '학습 과정 및 방법'을 보면 '학습자들의 경험'과 '개별화 수업'이 명시되어 있음을 알 수 있다. 이는 학습자의 요구 분석에서 출발하는 것으로 학습자 중심 교육의 출발점 역시 학습자 요구 분석이라고 볼 수 있다.

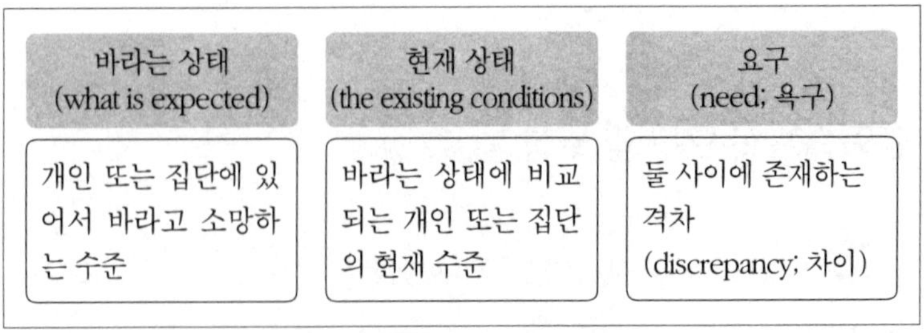

〈그림 3-7〉 학습자 요구의 의미

출처: 오만록, 「교육과정론」, 서울: 동문사, 2010, 259쪽.

오만록(2010)은 이 요구를 '규범적 요구', '인지된 요구', '표현된 요구', '상대적 요구'로 구분하는데, 규범적 요구는 교사에 의해 규정된 요구나 기준을 말하고 인지된 요구는 개인적 바람을 말하며, 표현된 요구는 인지된 요구가 실제로 표현된 것을 말하고, 마지막으로 상대적 요구는 다른 존재와의 비교를 통해 발생하는 요구를 말한다.[24] 즉 어떤 요구이건 간에 '바라는 상태'와 '현재 상태' 사이에는 '차이'가 발생한다. 보통 교육과정을 개발할 때는 이 '차이'를 구체화하는 요구사정의 단계를 거쳐서 '교육목적', '교육목표', '교육내용', '수업설계', '평가계획' 등의 교육과정 설계가 이루어진다.

본절에서도 역시 이를 위해 유학생들을 위한 요구조사를 진행한다. 4장에서 후술하겠지만 '유학생들의 일반적 상황', '교육만족도', '문화적응', '대학생활 적응', '한국 대학에 대한 이미지', '개설 강의 분석' 등을 실시했는데, 약술하자면 현재 받고 있는 교육에 대한 만족도는 낮은 편이었고 학위과정 유학생들은 보다 '학업 적응'에 도움이 되는 한국어 강의와 같은 전공 동료 혹은 선배들과의 관계를 형성할 수 있는 강의를 듣고 싶다는 의견이 지배적이었다.

2. 지식의 구조성

교육과정 설계 모형을 고안할 때는 지식에 관한 구조를 명확히

---

24) 오만록, 「교육과정론」, 서울: 동문사, 2010, 259-261쪽을 요약함.

할 필요가 있다. 즉 지식이 무엇인지 그리고 그 지식의 종류는 무엇인지를 정확히 분류해서 교육과정을 개발할 때 주요한 원리로 활용해야 한다.

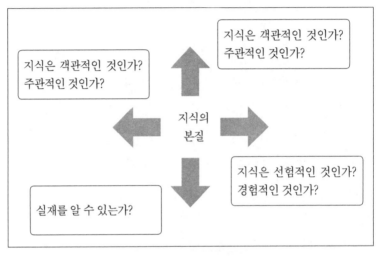

〈그림 3-8〉 지식의 본질

출처: 신경희, 「교육과정의 이해」, 서울: 학지사, 2014, 119쪽.

위의 〈그림 3-8〉은 '지식이란 무엇인가?'에 대한 답을 고려할 때 고려해야할 요소들을 모형화한 것이다. '지식은 객관적인 것인가?, 주관적인 것인가?', '지식은 선험적인 것인가?, 경험적인 것인가?', '실재를 알 수 있는가?', '진리란 절대적인가?, 상대적인가?'는 지식의 본질이 무엇인가에 대한 질문들이 될 수 있다. 결국 교육과정이란 무엇을 배우느냐(지식)와 가장 관련이 크기 때문에 교육과정을 설계할 때 무엇을 지식의 본질로 놓고 설계하느냐는 아주 중요한 문제가 된다. 또한 앞서 논의한 '학습자 요구'와 연결시켜 보자면, 같은 지식이라고 할지라도 각 개인이 수용하는 방식 등은 다를 수 있기 때문에 이를 어떻게 구조화하여 학생들에게 제시하느냐는 매우 중요한 문제이다.[25] 특히 본고에서는 학위과정 유학생을 학습자로 설정하고 있기 때문에 이 학습자군의 학습 방법, 인지 방법 등을 고려해서 '지식'을 구조화할 수 있어야 할 것이다.

3. 학제적 연계성

학제적 연계성은 '균형성'과 '통합성'을 연결해서 생각해 볼 수 있다. 학위과정 유학생들의 학업 적응을 위한 교육의 기반은 '언어 교육'이라고 볼 수 있다. 본고에서 집중하고 있는 유학생과 유사한 학습자군인 다문화 학습자를 비롯해서 '언어 교육'과 관련한 다양한 논의들이 이루어지고 있는 국어 교육을 살펴보면 국어 교육에서 여러 가지 방법론이 개발되면서 방법론의 세분화 그리고 이론화가 진행되었지만, 해당 지식의 실천과 생산은 오히려 약화시켰다는 지적이 있다.[26] 즉 지나치게 세분화하여 지식을 분리하고 구조화할 경우, 특정 지식에 대해서 학습자가 지엽적으로 인식하게

---

25) 조경원 · 이기숙 · 오욱환 · 이귀윤 · 오은경, 「교육학의 이해」, 서울: 학지사, 1990. (신경희, 「교육과정의 이해」, 서울: 학지사, 2014, 118쪽에서 재인용)

26) 우한용, "문학교육 학제적 접근 : 문학교육 연구의 학제적 연계성 -문학교육에 대한 차라투스트라 풍의 에세이-", 문학교육학 37, 한국문학교육학회, 2012, 11쪽.

되어 총체적 지식 습득에 무지하게 되는 원인이 될 수 있는 것이다. 또한 이는 학습자들이 지식을 통합적으로 사고하고 사용할 수 있도록 하는데 장애 요소가 될 수도 있다.

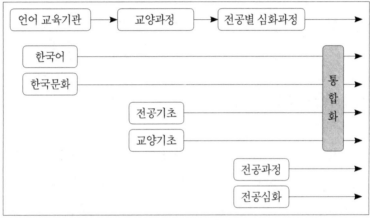

〈그림 3-9〉 학제적 연결성

   보통 유학생들은 학위과정에 들어오기 전에 '언어교육기관' 그리고 학위과정에 들어온 후에 '교양과정', 마지막으로 '전공과정'의 교육과정을 거친다. '언어교육기관'의 경우, 설립취지와 교육과정의 목적이 '언어와 문화'에 있기 때문에 이 영역에 대한 학제적 연계성을 고려하면 되지만 학위과정에 들어온 후에는 '교양'과 '전공'이 함께 연계될 수 있도록 교육과정이 고려되어야 한다. 이는 '언어교육기관'에서 담당하던 '언어와 문화'를 포함한 것으로 균형적이고 통합적인 지식의 제공에 주안점을 두고 교육과정이 개발되어야

함을 말한다. 본고에서도 이러한 점을 고려하여 교육과정이 설계될 수 있도록 하는 영역을 구축할 계획이다.[27]

4. 대학의 전통성

앞서 선행연구 분석을 통해서 연세대학교의 사례를 소개했다. 연세대학교는 2016년 기준으로 비학위과정 1,583명, 학위과정 1,964명으로 각각 2위와 6위에 올라있다. '학위과정'의 경우, 토픽 포함 까다로운 입학 조건 때문에 비학위과정 순위보다는 아래로 떨어졌지만 그래도 매우 높은 순위이다.[28] 연세대학교는 대학교 1학년 전(全) 과정을 별도의 캠퍼스에서 진행한다. 이를 RC(Residential College)하고 하는데, 이 과정에 가장 주요한 것은 '연세가 추구하는 바람직한 인재 양성의 토대를 마련', '글로벌 핵심 역량 함양'이 RC의 설립 목적이 된다는 점이다. RC는 '교과과정', '비교과과정', '자기주도적활동'으로 구성되는데, 이 세 과정을 통해서 학습자들은 학위과정에서 요구되는 '문화공동체', '학생자치활동', '글로벌리더십교육', '전공기초교육' 등을 배우게 된다.[29]

---

27) 〈그림 3-9〉는 '통합화'를 전공심화 과정에만 넣었지만 교육과정 순서상의 의미가 아니라 '강조'되어야할 위계상의 문제임을 밝힌다.

28) 교육부, 2016년도 국내 외국인 유학생 통계, 2016.

29) 연세대학교 RC 홈페이지(https://yicrc.yonsei.ac.kr/default.asp?mid=m00)에서 연세대학교 RC에 관한 내용을 참고하였음.

〈그림 3-10〉 연세대학교 RC의 비교과 과정

출처: 연세대학교 RC 홈페이지(https://yicrc.yonsei.ac.kr/default.asp?mid=m00)

위 그림은 RC의 비교과 과정을 보여주는데 '창조적 활동', '리더
십 발휘', '공감대 형성'을 통해서 '공동체 의식 함양'에 주안점을 두
는 모습이다. 즉, 이는 연세대학교에서 강조하는 '공동체 의식'을
갖춘 인재를 집중적으로 키워낼 수 있는 교육과정임을 보여준다.[30]

이는 대학생활을 지나면서 학습자들에게 대학에 대한 만족도를
높여줄 수 있고 지속적으로 한국의 대학에서 학업을 할 수 있도록
하는 계기가 되어 줄 수 있다. 여기서 주의할 점은 이 학교의 전통
성을 글로벌 마인드 등과 접목해서 창의적으로 학습자들에게 제시
할 수 있어야 한다는 점이다. 특히 학습자들이 외국인 즉, 유학생인
경우라면 이 부분을 더욱 특성화 시킬 수 있어야 할 것이다.

---

30) 이는 연세대학교 홈페이지(http://www.yonsei.ac.kr/sc/intro/vision.jsp)에 '연세
대학교 철학적 기초'를 보면 잘 나타나 있다. 이를 3C라고 하는데 이는 각각 기독
교정신(Christianity), 창의성(Creativity), 연결성(Connectivity)를 말하고 기독교정
신에서는 '섬김과 봉사', '공감과 나눔' 그리고 연결성에서는 'Middle-up-down'의
의사결정에서 '공동체 의식'을 학교차원에서 강조하고 있음을 발견할 수 있다.

5. 내용과 학습자 간의 상호작용성

Gagn 은 수업에서 상호작용을 높이려면 '주의집중'과 '배경지식의 재생' 등을 고려해서 교육과정이 만들어질 필요가 있음을 지적했다.[31] 새로운 지식이 학습자의 장기기억에 저장되기 위해서는 이미 장기기억에 저장되어 있던 유사한 지식들과의 관련성이 고려되어야 하기 때문이다. 배경지식의 재생과 활성화가 적절하게 이루어지지 않은 상태에서 새로운 지식이 제시되면 주입식 교육의 형태가 나타나고 만다. 따라서 새로운 지식에 대하여 학습자가 지니고 있는 배경지식을 확인하고 그 배경지식을 활성화하면서 새로운 지식을 학습해야 학습 내용과 학습자 간의 상호작용성이 높아지게 된다.

학습자는 자신이 배우는 것에 적절하게 반응하지 못하면 높은 만족도를 경험하지 못하게 된다. 학습자로 하여금 학습의 상호작용을 이끌어내기 위해서는 가장 먼저 학습자가 원하는 내용들로 교육과정이 편성되어야 할 필요가 있다. 그리고 학습자들의 '현 상황'을 정확히 판단해서 학습자의 '배경지식'을 활성화하고 현재 배우게 될 교육내용과의 '연결성'을 높여서 학습자를 위한 맞춤형 교육과정이 제시될 필요가 있다. 이는 앞서 언급하였지만 '백워드 설계'를 통해서 실현될 수 있을 것으로 기대된다.[32] 백워드 설계에서 학위과정

---

31) Gagné, E., 「The cognitive psychology of school learning」, Boston: Little, Brown and company, 1985.(이혜경, "초등학교 영어 사이버 가정학습 운영을 통한 상호작용성 증진 효과 연구", 한국교원대학교 대학원 석사학위논문, 2008 재인용.)

32) 이처럼 배우고자 하는 내용에 학습자들이 높은 관심을 보이고 높은 '상호작용'을 보이는 예는 '영진전문대학교'에서 찾을 수 있다. 이 대학교는 '컴퓨터계열', '전자정보

유학생들의 학습 성향과 지식 수준 등을 정확하게 파악하고 이를 통해 세부 교과 교육과정이 개발된다면 '상호작용성'을 높이고 학습자들의 지식의 내재화를 촉진시킬 수 있을 것으로 보인다.

6. 평가의 진정성

교육과정을 설계한 후에 '평가'는 교육실행과정에서 발견된 문제들을 해소하고 교육과정이 교육환경에 부합하는 방향으로 개선되도록 하는데 그 목적이 있다.

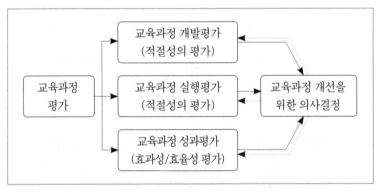

〈그림 3-11〉 교육과정 평가의 모형

출처: 오만록, 「교육과정론」, 서울: 동문사, 2010, 417쪽.[33]

통신계열', '재생에너지계열', '건축인테리어계열', '스마트경영계열', '국제관광조리계열', '부사관계열', '콘텐츠디자인과', '사회복지과', '유아교육과', '간호학과' 등 12개의 전공만을 가지고 있지만 이중 '컴퓨터', '건축', '관광' 등 몇 학위과정을 유학생들을 위한 맞춤형으로 제공하여 현재 2016년 309명, 2017년 406명의 학위과정 유학생을 받아드렸다.(영진전문대학교홈페이지(http://webzine.yjc.ac.kr/CmsHome/News_01.jsp?T=C&c=&c1=&c2=&c3=&w=&sn=517709&page=2 참고)

　교육과정의 평가는 세 수준에서 논의가 가능하다. 최초 개발 되었을 때 평가가 진행되고, 교실 공간에서 실행한 후에 평가가 진행되며, 마지막으로 한 학기가 종료된 후에 평가가 가능하다. 이는 각각 '적절성', '효과성', '효율성' 차원에서 진행되는데 가장 중요한 것은 '의사결정'이다. 교육과정에 개발자부터, 실행자, 그리고 학습자에 이르기까지 다양한 집단군들이 교육과정의 개선을 위해서 의사소통을 실행하고 이 내용들이 적절하게 반영되어야 할 것이다. 다만 백워드 설계의 경우에는 전체적인 방향만을 정해 놓은 상황에서 교실 상황에 맞춰서 교육의 목표가 지속적으로 수정된다. 그러므로 학생들의 정확한 수준을 파악하고 학생들의 온전한 이해를 위해 지식들이 영속성 있게 제공될 수 있도록 평가를 활용해야 할 것이다.

---

33) 허형 외(「한국의 교육과정 평가모형 개발 연구」,서울: 국립교육평가원, 1996, 63
　　쪽)을 보면 〈그림 3-11〉과 동일하게 교육과정 개발평가, 교육과정 운영평가, 교육
　　과정 성과평가로 나누어 설명하고 있다. 적절했는지, 효과가 있었는지, 가장 타당
　　한 방법이었는지를 각각 평가하는 것으로 내적타당성, 수행과정의 적절성, 학습의
　　결과 등을 평가하기 위한 것으로 설명되어있다. 이 세 가지 분야가 최초 개발 후,
　　학교에서 실행 후, 전체 교육과정 종류 후로 진행되면 평가의 진정성을 확보하고
　　있다고 볼 수 있다.

제 **4** 장

대학 특성화 교육과정 설계를
위한 학습자 요구 분석

앞장에서 교육과정 설계 모형을 개괄하고 학위과정 유학생 학업 적응을 위한 교육과정 설계 모형 개발에 요구되는 모형 설계의 원리와 내용 구성 설계의 원리들을 살펴보았다. 이 장에서는 이어서 실제 학위과정 유학생들이 요구하는 교육 내용이 무엇인지에 대해서 분석해 보고자 한다.

제1절
설문 조사 대상과 범위

1. 조사 대상과 설문 범위

  본 만족도 및 요구분석 조사는 2016년 3월부터 2017년 3월까지 서울시 소재 A대학교와 D대학교에 재학 중인 학위과정 유학생 500명을 대상으로 이뤄졌다. 설문에 응답한 유학생은 490명이고 이 중에 무응답자 22명을 제외하고 468명이 응답한 질문지를 분석했다. 연구대상의 인구 통계적 특성을 살펴보면, 성별의 경우 전체 486명 중 남학생은 171명(36.5%), 여학생은 297명(63.5%)이고, 국적은 중국이 367명(78.4%), 몽골이 85명(18.2%), 대만이 4명(0.9%), 베트남이 3명(0.6%), 기타 9명(1.9%)로 나타났다. 연령의 경우 20세 이하가 69명(14.7%), 20세~22세가 270명(57.7%), 23~25세가 109명(23.3%), 26~29세가 15명(3.2%), 30세 이상이

5명(1.1%)이었다. 거주기간은 6개월 미만이 207명(44.2%), 6개월 이상에서 12개월 미만이 10명(2.1%), 1년 이상에서 2년 미만이 137명(29.3%), 2년 이상에서 3년 미만이 77명(16.5%), 3년 이상이 37명(7.9%)으로 나타났다. 한국어 능력의 경우 '못 한다'가 9명(1.9%), '보통'이 320명(68.4%), '잘한다'가 139명(29.7%)이었고, 거주지는 기숙사가 345명(73.7%), 자취가 101명(21.65), 자가가 22명(4.7%)로 나타났다. 〈표 4-1〉은 연구대상의 일반적 특성이다.

〈표 4-1〉 연구대상의 일반적 특성

구분		인원(명)	비율(%)
성별	남학생	171	36.5
	여학생	297	63.5
	소계	468	100.0
국적	중국	367	78.4
	몽골	85	18.2
	대만	4	0.9
	베트남	3	0.6
	기타	9	1.9
	소계	468	100.0
연령	20세 이하	69	14.7
	20~22세	270	57.7
	23~25세	109	23.3
	26~29세	15	3.2
	30세 이상	5	1.1
	소계	468	100.0

한국대학에서 공부한 기간	6개월 미만	207	44.2
	6개월 이상~12개월 미만	10	2.1
	1년 이상~2년 미만	137	29.3
한국대학에서 공부한 기간	2년 이상~3년 미만	77	16.5
	3년 이상	37	7.9
	소계	468	100.0
한국어 능력	못 한다	9	1.9
	보통	320	68.4
	잘 한다	139	29.7
	소계	468	100.0
거주지	기숙사	345	73.7
	자취	101	21.6
	자가	22	4.7
	소계	468	100.0
계		468	100.0

2. 연구도구

학위과정 유학생들의 대학생활 적응에 영향을 미칠 수 있는 개인변인으로 성별, 국적, 연령, 한국대학에서 공부한 기간, 한국어 능력, 거주지 등을 설정하였다. 연구도구로는 교육만족도 척도는 본고의 목적에 적합한 대학 선택의 목적 및 만족도 등으로 구성되었으며, 5점 척도로 이루어졌다. 문화적응 척도는 유찬우가 재구성한 조사도구를 사용하였다.[1] 이 척도는 18문항으로 구성되어 있고, 5점 척도로 이루어졌다. 대학생활적응척도는 Baker, Robert W. & Siryk, Bohdan[2]가 개발한 SACQ(Student Adaptation to College Questionnaire Manual)를 기본으로 하여 간략하게 수정 · 보완한 조수현[3]의 대학생활적응 조사도구를 활용하였으며, 본고에서 총 20문항으로 학업적 적응 8문항과 사회적 적응 12문항으로 5점 척도로 구성되어, 대학 내에서의 대인관계나 과외활동과 같은 생활에 적응하는 정도를 측정하였다. 대학이미지 척도는 심혜용[4]에서 활용한 대학 이미지 조사도구를 사용하였다.

3. 측정도구의 신뢰도와 타당도 분석

학위과정 유학생의 대학생활에 대한 만족도를 측정하기 위하여 70개 문항으로 구성된 교육만족도, 문화적응, 대학생활 적응, 대학이미지 등의 검사도구 양호도 검증을 실시하였다. 신뢰도 검증

1) 유찬우, "성격강점이 외국인유학생의 문화적응 및 대학생활적응에 미치는 영향", 고려대학교 대학원 석사학위논문, 2011.
2) Baker,RobertW.& Siryk,Bohdan, "Measuring adjustmentto college", journal of CounselingPsychology, 31, 1989, 179-189쪽.
3) 조수현, "부산 · 경남지역 외국인 유학생의 대학서비스와 대학생활 적응에 관한 연구", 인제대학교 대학원 석사학위논문, 2010.
4) 심혜용, "대학 내 공중의 구전 커뮤니케이션에 영향을 미치는 요인에 관한 연구 : 대학 이미지, 대학 내 커뮤니케이션 활동, 개인구전성향", 한양대학교 대학원 석사학위논문, 2006.

에는 문항의 내적 합치도 계수를 사용하였으며, Cronbach's alpha
.996으로 매우 높게 나타났다.

〈표 4-2〉 평가도구의 신뢰도 분석 결과(n=468)

구분	문항수	Cronbach α
교육만족도	2	.910
문화 적응	18	.988
대학 생활 적응	16	.985
대학 이미지	20	.992
전체	70	.996

타당도 검증에는 전공 교수 1명, 경력 기술 다문화 박사 1명, 그
리고 교육학 교수 1명으로부터 검사문항이 측정하고자 하는 영역
을 잘 대표하고 있는지 내용타당도 검증을 실시하였다.

4. 자료분석

본고에서 제시하는 자료는 SPSS 21 프로그램을 활용하여 수집된
자료를 다음과 같이 분석하였다.

첫째, 유학생들의 일반적 특성을 파악하기 위해 빈도분석, 학습
자 변인에 따른 대학만족도, 문화적응, 대학생활 적응, 대학이미지
차이를 파악하기 위하여 평균비교분석(t-test, One-way ANOVA)
을 실시하였다.

둘째, 측정도구의 신뢰도를 검증하기 위하여 문항내적일치도인 Cronbach's α 계수를 산출하였다.

셋째, 대학만족도, 문화적응, 대학생활 적응, 대학이미지의 변인들 간의 관계성을 파악하기 위하여 상관분석을 실시하였다.

제2절
설문 조사를 통한 요구 분석

1. 학위과정 유학생의 일반적 상황 분석

　가장 먼저 유학생들의 일반적인 상황에 대한 설문을 분석해 볼 것이다. 항목은 학위과정 유학생들의 '장학금 유형'과 '졸업(수료) 후 진로 계획'을 알아보는 것으로 구성된다.

　다음의 〈그림 4-1〉에서 알 수 있듯이, 설문 참여자의 장학금 유형을 살펴보면 한국 대학에서 받는 경우가 48%(223명), 없는 경우가 30%(143명), 한국 정부 11%(50명), 본국 대학 3%(16명), 본국 정부 3%(15명), 한국 장학재단 3%(15명), 본국 장학재단 1%(3명), 기타 1%(3명)으로 나타났다.

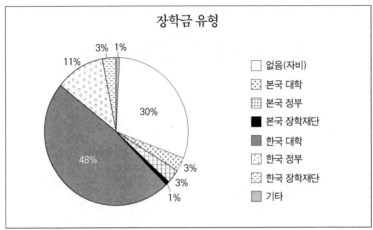

〈그림 4-1〉 설문 참여자의 장학금 유형

48%는 전체 유학생의 과반에 해당하는 수치로 한국으로 오는 유학생의 절반은 입학하는 대학교에서 장학금을 받고 입학한다. 학위과정으로 입학하는 유학생의 절반이 입학하는 대학으로부터 장학금을 받는다면 국내 입학생의 감소로 유학생을 유치하기 시작한 대학들에게 오히려 '운영'의 어려움을 가중시키는 문제를 야기할 수 있다. 유학생들이 국내 대학으로 '학위'와 '취업'을 목적으로 입학을 하게 만들기 위해서는 '장학금'과 같은 경제적 혜택도 중요하지만, 높은 수준의 '교육과정'이 선택의 기준이 되도록 해야 할 것이다.

다음의 〈그림 4-2〉의 설문 참여자의 진로를 살펴보면, '모국으로 돌아가 취업'이 30%(138명), '한국에서 취업' 22%(104명), '한국에서 진학' 17%(77명), '제3국에서 진학' 14%(67명), '모국으로 돌아가 진학' 6%(30명), '기타' 6%(30명), '제3국으로 취업' 5%(22 명)으로 나타났다.

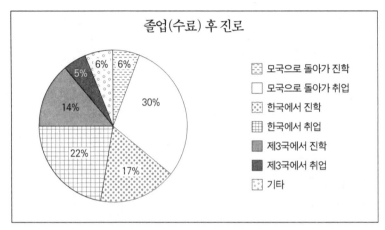

졸업(수료) 후 진로

- ⊡ 모국으로 돌아가 진학
- ☐ 모국으로 돌아가 취업
- ⊡ 한국에서 진학
- ⊞ 한국에서 취업
- ■ 제3국에서 진학
- ■ 제3국에서 취업
- ⊡ 기타

〈그림 4-2〉 졸업(수료) 후 진로

결론적으로 기타 6%를 제외하면 취업이 57%, 진학 37%로 대다 수의 유학생들의 졸업 후 계획은 취업과 진학으로 나타났다. 취업 과 진학에 특화된 한양대학교나 성균관대학교에 학위과정 유학생 들이 많이 지원하는 것을 미루어 볼 때 취업과 진학에 대한 교육과 정 내용 마련이 필요하다는 것을 알 수 있다.[5]

---

5) 한양대학교와 성균관대학교는 비학위과정 유학생의 경우 510명과 404명으로 서울 소재 4년제 대학교 중에서 가장 낮은 순위를 차지했지만 학위과정 유학생의 경우 에는 2,322명과 2,722명으로 각각 3위와 2위를 차지했다. 한양대학교는 특히 이공 계열에 많은 유학생이 재학중인데 기술직으로서 고국에서 취업을 하기에 유리하다 고 판단을 했기 때문으로 보이고 성균관대학교는 유학생들이 세계적인 기업을 배 경으로 성장하는 대학교라는 인식을 갖고 이 점이 '취업'에 유리하다는 판단을 했 기 때문에 학위과정으로 많이 입학한 것으로 보인다.

2. 학위과정 유학생의 교육만족도 분석

이어서 교육만족도와 관련된 설문 분석 내용이다. 교육만족도 분석은 학위과정 유학생들이 '유학을 온 목적'과 현재 소속된 대학에서 제공되는 교육과정에 대한 '만족도'를 확인하는 것으로 구성된다.

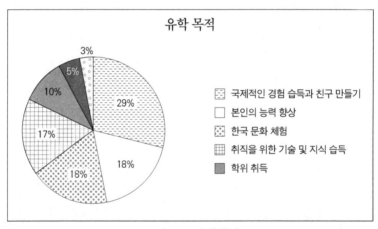

〈그림 4-3〉 유학 목적

위의 〈그림 4-3〉에서 알 수 있듯이, 설문 참여자의 유학 목적을 살펴보면 '국제적인 경험 습득과 친구 만들기'가 29%(134명), '본인 능력 향상' 18%(86명), '한국문화 체험' 18%(83명), '취직을 위한 기술 및 지식 습득' 17%(80명), '학위 취득' 10%(45명), '한국어 등 외국어 학습' 5%(25명), '기타' 3%(15명) 순으로 나타났다.

좀 더 세부적으로 살펴보면, 학습자의 변인에 따라 유학을 온 가장 중요한 목적을 분석한 결과, 성별의 경우 남학생은 '학업취득을 위해서'(78.4%)가 가장 높게 나타났으며, 여학생은 '국제적인 경험을 쌓고 친구를 사귀기 위해서'(27.9%)가 가장 높게 나타났다.

국적의 경우, 중국학생은 '학업취득을 위해서'(36.5%)가 가장 높게 나타났으며, 몽골학생은 '한국문화를 체험하기 위해서'(52.9%)가 가장 높게 나타났다. 대만학생을 비롯한 베트남과 기타의 경우는 '본인의 생활능력, 의사소통능력, 공부하는 능력 등을 향상시키기 위해서'가 유학을 온 가장 중요한 목적인 것으로 나타났다.

연령의 경우, 20세미만의 경우는 '학업취득을 위해서', 20~22세의 경우 '취직할 때 필요한 기술과 지식을 배우기 위해서', 23~25세의 경우 '한국문화를 체험하기 위해서', 26~29세와 30세 이상의 경우는 모두 '기타'로 나타났다.

〈표 4-3〉 학습자의 변인에 따라 유학을 온 가장 중요한 목적[6]

(단위: 명(%))

		A	B	C	D	E	F	G	소계	x^2
성별	남	134 (78.4)	37 (21.6)	-	-	-	-	-	171 (100)	377.084***
	여	-	49 (16.5)	83 (27.9)	80 (26.9)	45 (15.2)	25 (8.4)	15 (5.1)	297 (100)	

6) A: 학위 취득을 위해서, B: 취직할 때 필요한 기술과 지식을 배우기 위해서, C: 국제적인 경험을 쌓고 친구를 사귀기 위해서, D: 본인의 생활능력, 의사소통능력, 공부하는 능력 등을 향상시키기 위해서, E: 한국문화를 체험하기 위해서, F: 한국어 등 외국어를 배우기 위해서, G: 기타

국적	중국	134 (36.5)	86 (23.4)	83 (22.6)	64 (17.4)	-	-	-	367 (100)	545.277***
	몽골	-	-	-		45 (52.9)	25 (29.4)	15 (17.6)	85 (100)	
	대만	-	-	-	4 (100.0)	-	-	-	4 (100)	
국적	베트남	-	-	-	3 (100.0)	-	-	-	3 (100)	
	기타	-	-	-	9 (100.0)	-	-	-	9 (100)	
연령	20세 미만	69 (100.0)	-	-	-	-	-	-	69 (100)	909.663***
	20~22세	65 (24.1)	86 (31.9)	83 (30.7)	36 (13.3)	-	-	-	270 (100)	
	23~25세	-	-	-	44 (40.4)	45 (41.3)	20 (18.3)	-	109 (100)	
	26~29세	-	-	-	-	-	5 (33.3)	10 (66.7)	15 (100)	
	30세 이상	-	-	-	-	-	-	5 (100)	5 (100)	
합계		134 (28.6)	86 (18.4)	83 (17.7)	80 (17.1)	45 (9.6)	25 (5.3)	15 (3.2)	468 (100)	

*** $p < .001$

결과적으로 한국으로 유학을 오는 목적은 본인들의 졸업 후 진로와는 무관한 것으로 판단된다. 졸업 후 진로에 도움이 되는 '취직을 위한 기술 및 지식 습득'과 '학위 취득'의 경우에는 그 어떤 학습자 변인에서도 큰 비중을 차지하지 못했기 때문이다. 이는 앞서 '장학금'과 관련된 부분에서도 언급을 했지만 유학생들이 한국에서 학위과정에 입학을 하는 이유는 경제적 혜택이 가장 클 것으로 판단된다. 따라서 대학이 유학생을 유치하여 효율적으로 운영하기 위해서는 눈앞에 보이는 단기적 혜택을 제공하기보다 장기적 안목에서 혜택을 누릴 수 있도록 유학생들의 인식을 바꿀 수 있는 효율적인 교육과정 설계가 요구된다.

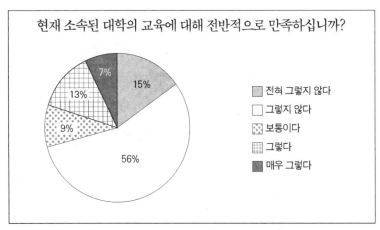

〈그림 4-4〉 현재 소속 대학의 교육 만족도 문항 1

현재 소속된 대학의 교육에 대해 만족도를 조사한 결과 '그렇지 않다'가 56%(263명)으로 가장 많았고, 다음으로 '전혀 그렇지 않다' 15%(70명), '그렇다' 13%(62명), '보통이다' 9%(42명), '매우 그렇다' 7%(31명)순으로 부정적인 응답인 '그렇지 않다'와 '전혀 그렇지 않다'가 전체 71%로 나타나, 설문 참여자들의 상당수가 현재 소속 대학의 교육에 대해 만족하지 못한 것으로 나타났다.

앞서 언급했듯이 본 설문에 참여한 유학생 중 70%가 장학금을 받고 국내대학에 입학을 하는데 교육과정의 만족도 측면에서는 불만족하는 것으로 나타났다. 이는 그만큼 '유학생'이라는 학습자를 특성화하여 교육과정이 구안되지 못했다는 것을 의미한다. 유학생들은 자신들의 요구가 반영되어 교육과정이 개발되지는 않았지만 경제적으로 '저렴한 가격'에 학위를 받을 수 있고 '의사소통' 수준의 한국어를 배울 수 있는 한국 대학교의 '학위과정'에 입학하는 것이다. 이것이 현재로서는 큰 문제가 아닐 수 있지만 시간이 지날수록 유학생 감소로 이어지는 가장 주요한 원인이 될 수 있기 때문에 개선되어야할 가장 중요한 문제로 보인다.

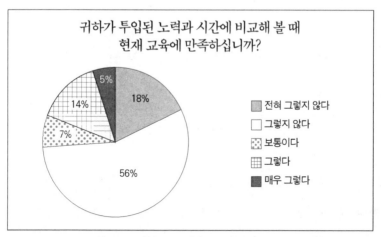

〈그림 4-5〉 현재 소속 대학의 교육 만족도 문항 2

설문참여자의 경우 투입된 노력과 시간에 대비해 교육에 대한 만족도는 '그렇지 않다' 56%(263명), '전혀 그렇지 않다' 18%(84명), '그렇다' 14%(64명), '보통이다' 7%(35명), '매우 그렇다'

5%(22명) 순으로 나타났다. 자신의 노력과 시간을 투자해도 거기에 대한 만족도가 참여자의 74%는 만족스럽지 않다고 생각하고 있는 것으로 나타났다. 이는 한국 대학의 전반적인 교육에 대해 만족하지 못하는 학위과정 유학생이 다수를 차지함을 방증한다.

결론적으로 학위과정 유학생들은 '교육만족도'에 대해서 부정적인 입장을 보였다. 이에 대한 이유는 이어지는 '대학생활 적응 분석'과 '대학이미지 분석'에서 세부적으로 제시하기로 하겠다.[7]

3. 학위과정 유학생의 문화적응 분석

이어서 문화적응과 관련한 설문 분석 내용이다. 문화적응과 관련한 설문분석 내용은 유학생활에서 '모국어'와 '한국어' 중 무엇이 더 편한가, '모국출신 사람', '한국 사람' 중 누구와 어울리는 것이 즐거운가, '모국의 문화', '한국의 문화' 중 무엇을 더 즐기는가, '모국의 문화', '한국의 문화' 중 어느 것을 더 유지 · 발전시켜 나가야 하는가, '모국 친구', '한국 친구' 중 어느 친구와 관계를 형성하는 것에 관심이 많은가로 구성된다.

---

7) 간략하게 미리 약술하자면, 우선 학위과정 유학생이 갖고 있는 '언어'의 어려움을 교육과정이 해소시켜 주지 못하기 때문이고 무엇보다 '언어'의 어려움을 갖고 있는 유학생들에게 모국어 학습자와 동일한 수준의 수업을 제공하기 때문이다. 학위과정 유학생들이 한국에서 거주하면서 경험하는 여러 문화적 어려움과 취업의 어려움을 '유학생 복지'라고 한다면 이에 대한 충분한 '고민'과 '관심'이 없기 때문에 학위과정 유학생들은 한국 대학이 제공하는 교육과정에 불만족하는 것으로 나타났다. 이에 대한 세부적인 내용은 이어지는 만족도 및 요구분석에서 추가로 상술하겠다.

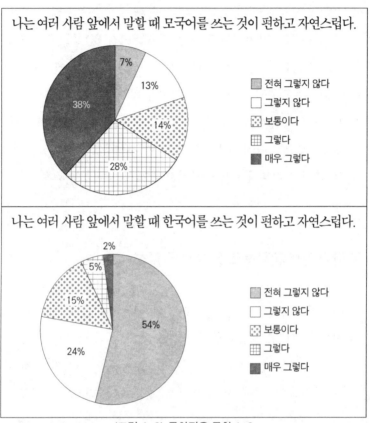

〈그림 4-6〉 문화적응 문항 1, 2

설문 참여자의 66%(310명)은 여러 사람들 앞에서 모국어를 사용하는 것이 편하다고 말했다. 또한 참여자의 78%(366명)은 여러 사람들 앞에서 한국어를 말하는 것이 편하지 않고 자연스럽지 않다고 응답했다.

이는 유학생들의 경우, 한국에서 살고 있지만 모국어 사용을 더 편해하는 것을 알 수 있다. 한국어 능력과는 별개로 그들의 사용하

는 언어의 편의성이 가장 높기 때문일 것이다. 이를 좀 더 확장해
서 논의를 진행해 보자면, 유학생들이 국내 대학에서 한국어를 배
우고 한국에서 거주하고 있음에도 불구하고 문항 1의 경우 7%만
이, 문항 2의 경우 2%만이 '전혀 그렇지 않다'라고 말한 것은 심각
한 결과이다. 그만큼 '언어' 문제가 유학생들의 '학업 적응'에 중요
한 문제임을 방증하는 결과이기 때문이다.

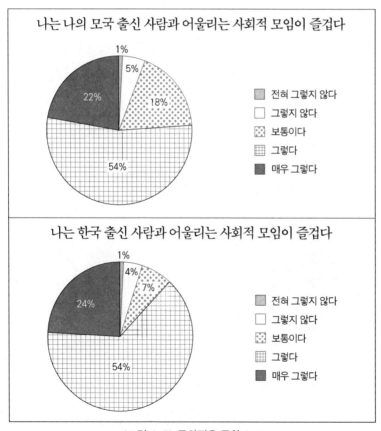

〈그림 4-7〉 문화적응 문항 3, 4

위의 설문응답을 살펴보면 모국 출신 사람과 사회적인 모임을 선호하는 사람은 76%(356명)이며 한국 출신 사람과 사회적인 모임을 선호하는 사람은 88%(412명)으로 상대적으로 한국 출신 사람과의 사회적 모임을 선호하는 것을 알 수 있다.

이는 유학생들이 한국 출신의 학업 동료들과의 관계 형성에 큰 의미를 두고 있음 확인할 수 있는 대목이다. 여기서는 학위과정 유학생들이 언어적 편의성과는 별개로 한국어를 모국어로 쓰는 학습자들과 관계를 형성하는 것이 학업에 큰 도움을 준다는 것을 이미 알고 있음을 확인할 수 있다. 이는 앞서 선행연구에서 모국어 화자들과의 관계 형성에 어려움을 느끼는 것이 '학업 적응'에 어려움을 주는 요소로 나타났는데 이를 방증하는 결과로 보인다.

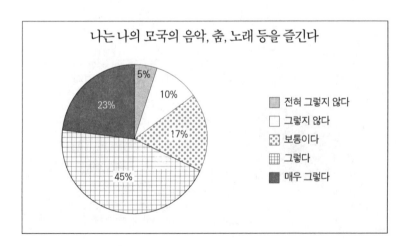

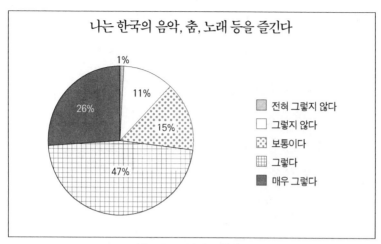

〈그림 4-8〉 문화적응 문항 5, 6

위의 설문응답을 살펴보면, 모국의 음악, 춤, 노래 등을 즐기는 응답자가 68%, 한국의 음악, 춤, 노래 등을 즐기는 응답자가 73% 라고 나왔다.

여기서 한 가지 확인할 수 있는 대목은 한국으로 유학을 오는 유학생들의 경우 한국 문화에 크게 매료되어 오는 인원들이 많다는 것이다. 이는 긍정적인 부분이 있지만, 이를 '학업'과 '학위과정'으로 연결시키지 못하면 한국어와 한국문화만을 배우고 돌아가는 유학생이 많을 수도 있음을 암시하는 결과이다.

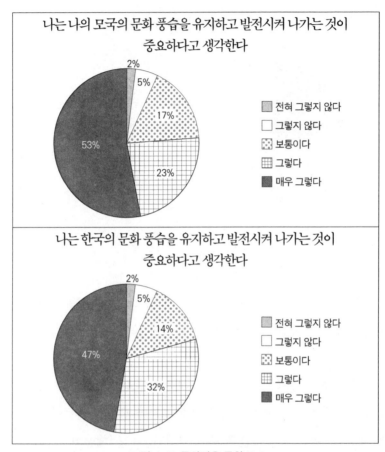

<그림 4-9> 문화적응 문항 7, 8

위의 설문응답을 보면 모국의 문화 풍습을 유지 및 발전시켜야 된다고 응답한 사람은 76%(358명), 한국의 문화 풍습을 유지 및 발전시켜야 된다고 응답한 사람은 79%(373명)으로 나왔다. 이는 한국이 비록 유학생들의 모국은 아닐지라도 한국문화에 대한 애정 을 확인하기 위함이다. 이는 앞의 설문결과와도 일맥상통하는 것

으로 한국으로 유학을 오는 유학생들의 성향이 '진로 탐색'이나 '기술 습득'보다는 '한국 문화 체험'에 있음을 알 수 있다. 그리고 문화뿐만 아니라 '진로'와 '기술' 등을 위해서도 한국으로 유학을 오게만들 수 있는 효과적인 교육과정 마련이 시급함을 알 수 있다.

다음의 설문응답을 살펴보면, 모국 출신 친구를 사귀는데 관심이 많은 사람은 49%(230명), 한국 출신 친구를 사귀는데 관심이많은 사람은 85%(397명)으로 나왔다. 이를 통해 유학생들은 모국출신 친구들보단 한국 출신 친구를 사귀는데 보다 높은 관심을 갖고 있는 것을 알 수 있다. 이는 학위과정 유학생들이 '학술적 공동체'라고 할 수 있는 '목표어'를 '모국어'인 동료와의 관계 형성에 큰의미를 두고 있음을 확인할 수 있는 대목이다.

결론적으로 '문화적응'에 있어서는 '모국어'를 사용하는 조직과의 관계보다는 '목표어'를 구사하는 조직과의 관계 형성을 원하는것과 이 관계 형성을 통해서 한국 문화에 대한 이해, 대학 생활에대한 도움 등을 받기를 원하는 것으로 나타났다.

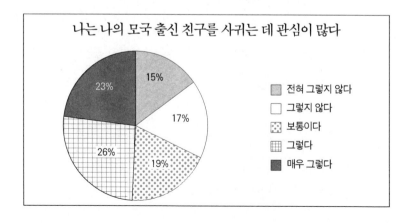

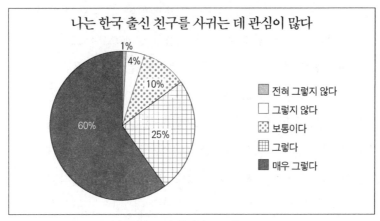

〈그림 4-10〉 문화적응 문항 9, 10

4. 학위과정 유학생의 대학생활 적응 분석

이어서 대학생활 적응과 관련한 설문 분석 내용이다. 대학생활 적응에 관한 설문은 학위과정 유학생이 소속된 대학의 교육환경과 잘 부합는가, 학업을 잘 채나가고 있는가, 대학에서 원하는 사람을 만나고 조직활동을 하는가, 내가 소속된 대학에 다니는 분명한 목표가 있는가, 대학에서 다양한 친목활동에 참여하고 있는가, 전공교수와 비공식적으로 만나는가, 소속된 대학교에서 졸업하는 것이 중요한가, 여러 과제를 수행할 때 글쓰기가 즐거운가, 소속된 사람들과 잘 어울릴 수 있을만큼의 사회성을 갖고 있는가, 외로운가 등을 판단하기 위함이다. 이는 앞서 제시한 교육만족도의 부정적 결과에 대한 세부적인 답변이 될 것이다.

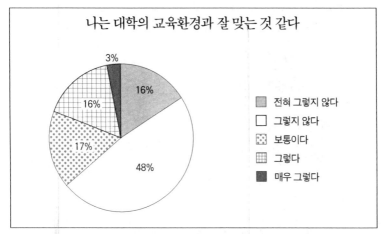

〈그림 4-11〉 대학생활 적응 문항 1

 위의 설문응답을 보면 긍정적인 대답인 '매우 그렇다', '그렇다'라고 답한 사람은 19%(88명), 부정적인 대답인 '그렇지 않다', '전혀 그렇지 않다'라고 응답한 사람은 64%(300명)으로 상대적으로 학위과정 유학생들은 상대적으로 한국 대학생활에 잘 적응하지 못하는 모습이다.

 유학생 입장에서 유학을 온 대학의 학업 환경에 완벽하게 만족할 수는 없을 것이다. 하지만 많은 유학생을 통해서 경영의 어려움을 해소하려고 하는 대학교 입장에서 이들을 배려하는 '환경' 조성에 관심을 가져왔는지에 대해서는 반성이 필요해 보인다.

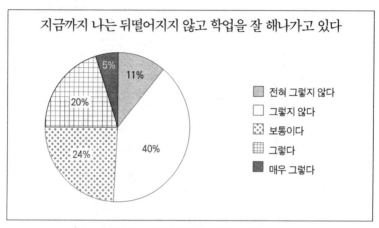

지금까지 나는 뒤떨어지지 않고 학업을 잘 해나가고 있다

5%
11%
20%
40%
24%

전혀 그렇지 않다
그렇지 않다
보통이다
그렇다
매우 그렇다

〈그림 4-12〉 대학생활 적응 문항 2

　위의 설문응답을 보면, 학업만족도에 대해서 긍정적인 대답
인 '매우 그렇다', '그렇다'라고 답한 사람은 25%(117명), 부정적
인 대답인 '그렇지 않다', '전혀 그렇지 않다'라고 응답한 사람은
51%(240명)으로 나타났다. 이와 같이 학업에 대한 만족도가 낮은
것은 앞에서 있었던 언어적인 문제와 문화차이, 적응 문제가 복합
적으로 작용했다는 것을 알 수 있다. 이런 낮은 학업성취는 유학생
들의 진로에도 영향을 미치기 때문에 이에 대한 보완이 반드시 필
요하다고 할 수 있다. 특히 낮은 학업성취를 나타내는 요인을 분석
해서 이에 대한 대비책을 마련해야 한다.
　5%만이 학업을 잘 해나가고 있다고 응답을 했다는 것은 이를 단
순히 유학생들만의 문제로 돌리는 것이 아니라, 현재 학위과정 유
학생들에게 제공되고 있는 각 대학의 교육과정이 '타당성'을 확보
하고 있는지도 비판적으로 돌아볼 필요가 있다.

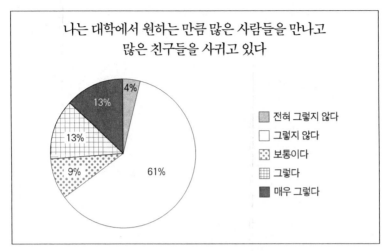

나는 대학에서 원하는 만큼 많은 사람들을 만나고
많은 친구들을 사귀고 있다

- 전혀 그렇지 않다
- 그렇지 않다
- 보통이다
- 그렇다
- 매우 그렇다

4%
13%
13%
9%
61%

〈그림 4-13〉 대학생활 적응 문항 3

위의 설문응답을 살펴보면 대학에서 대인관계에 대해 긍정적인 대답인 '매우 그렇다', '그렇다'라고 답한 사람은 26%(123명), 부정적인 대답인 '그렇지 않다', '전혀 그렇지 않다'라고 응답한 사람은 65%(305명)으로 나타났다. 이는 유학생들이 한국대학을 다니면서 원하는 대인관계를 형성하지 못한다는 것이고, 이것은 학업성취 및 대학만족도는 물론 진로에도 영향을 미친다는 것을 보여준다. '관계'를 통해 같은 전공의 선후배 그리고 동기들과의 교류가 활발할 경우, 유학생들의 학업 적응에 긍정적인 영향을 줄 수 있기 때문이다.

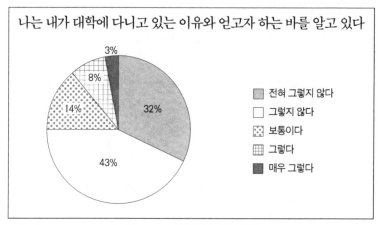

〈그림 4-14〉 대학생활 적응 문항 4

위의 설문응답을 살펴보면, 긍정적인 대답인 '매우 그렇다', '그렇다'라고 답한 사람은 11%(49명), 부정적인 대답인 '그렇지 않다', '전혀 그렇지 않다'라고 응답한 사람은 75%(352명)으로 나타났다.

이와 같은 응답은 대학이 고등교육기관으로서 역할을 제대로 수행하지 못하기 때문에 학위과정 유학생들이 만족스러운 대학생활을 하지 못하고 있다고 해석할 수 있다. 특히 자신이 유학을 오기 전 생각했던 유학생활과 실제 한국에 와서 경험한 유학생활 사이에 '차이'를 통해 학습의 목적을 잃어버리고 진로 탐색에도 어려움을 겪을 수 있기 때문이다.

이를 위해 다시 언급하겠지만, 본고에서는 학위과정 유학생들을 위한 교육과정의 '학습 목적'과 '학습 목표'부터 되짚어 보고자 한다.

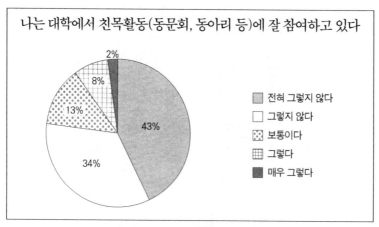

<그림 4-15> 대학생활 적응 문항 5

위의 설문응답을 살펴보면 긍정적인 대답인 '매우 그렇다', '그렇다'라고 답한 사람은 10%(49명), 부정적인 대답인 '그렇지 않다', '전혀 그렇지 않다'라고 응답한 사람은 77%(359명)으로 나타났다. 대학에서의 동문회나 동아리는 유학생들뿐만 아니라 한국인 재학생들에게도 대인관계를 유지하는데 크게 작용하는 활동이다. 이 같은 활동에 유학생들이 참여하지 못하는 가장 큰 까닭은 언어적·문화적인 이질감과 한국 대학생들의 다문화 수용성과의 문제이다. 언어적·문화적인 이질감으로 한국의 이런 친목활동에 대해 이해가 부족하고 참여하고 싶어도 언어적인 문제 때문에 선뜻 유학생 입장에서 참여하기 어렵다. 마찬가지로 한국 대학생들도 유학생들이 익숙하지 않기 때문에 이를 수용하고 같이 활동하는데 큰 어려움을 작용한다.

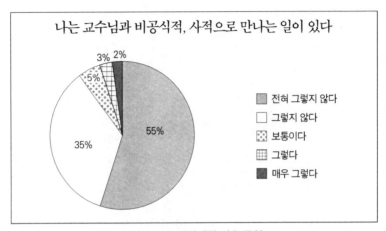

나는 교수님과 비공식적, 사적으로 만나는 일이 있다

- 3% 2%
- 5%
- 35%
- 55%

전혀 그렇지 않다
그렇지 않다
보통이다
그렇다
매우 그렇다

〈그림 4-16〉 대학생활 적응 문항 6

위의 설문응답을 살펴보면, 긍정적인 대답인 '매우 그렇다', '그렇다'라고 답한 사람은 5%(19명), 부정적인 대답인 '그렇지 않다', '전혀 그렇지 않다'라고 응답한 사람은 90%(424명)으로 나타났다. 이번 질문에 대해 유학생들은 교수와의 교류가 거의 없다시피 하다는 것을 알 수 있다. 고등교육기관인 대학은 단순 지식과 기술만을 학습하러 온 곳이 아닌 사회에 나가기 전 사회화 과정을 거치게 하는 기회를 제공하는 기관이다. 그 중에서도 교수는 한국 대학생뿐만 아니라 유학생들에 대한 관리도 이루어져야 하는데 그런 점이 미흡하다는 것을 설문결과를 통해 알 수 있다. 한국 대학생에 비해 언어적 · 문화적 이질감으로 인해 적극적인 대인관계를 만들기 어려운 유학생들의 입장을 고려하여 교수들의 능동적인 관리가 필요함을 알 수 있는 응답이라고 할 수 있다.

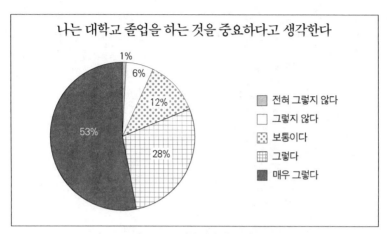

나는 대학교 졸업을 하는 것을 중요하다고 생각한다

1%
6%
12%
53%
28%

- ▨ 전혀 그렇지 않다
- ☐ 그렇지 않다
- ▨ 보통이다
- ▦ 그렇다
- ■ 매우 그렇다

〈그림 4-17〉 대학생활 적응 문항 7

위의 설문응답을 살펴보면 긍정적인 대답인 '매우 그렇다', '그렇다'라고 답한 사람은 81%(359명), 부정적인 대답인 '그렇지 않다', '전혀 그렇지 않다'라고 응답한 사람은 7%(34명)으로 나타났다. 그렇지만 이는 좀 더 분명한 이유를 찾을 필요가 있는데 앞선 설문조사에서 한국 교육과정에 불만족스러운 답변이 많았다는 것, 한국 유학 생활 전반에 어려움을 겪고 있다는 것 등을 종합해 보자면, 한국에서의 학업에 만족해서라기보다는 '의무'와 '책임'에 의한 의견으로 보인다.

이를 학습자 입장에서 생각해 보자면, '이유'를 불문하고 끝까지 학업을 완수하고자하는 태도를 학위과정으로 입학한 유학생들이 가지고 있는 것으로 판단해 볼 수 있다.

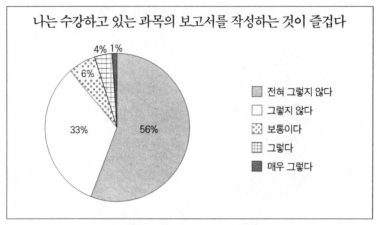

나는 수강하고 있는 과목의 보고서를 작성하는 것이 즐겁다

4% 1%
6%
33%   56%

- 전혀 그렇지 않다
- 그렇지 않다
- 보통이다
- 그렇다
- 매우 그렇다

〈그림 4-18〉 대학생활 적응 문항 8

　위의 설문응답을 살펴보면, 긍정적인 대답인 '매우 그렇다', '그렇다'라고 답한 사람은 5%(23명), 부정적인 대답인 '그렇지 않다', '전혀 그렇지 않다'라고 응답한 사람은 89%(415명)으로 나타났다. 보고서를 제출하는 것은 유학생들에게 있어서 굉장히 어려운 문제이다. 한국어 능력뿐만 아니라 보고서를 작성하는 법 등을 충분히 숙지하고 있지 않기 때문이다. 한국 대학생들도 이와 같은 어려움을 겪고 있지만 선배들을 통해 다양한 정보를 습득할 수 있지만 유학생의 경우 이런 자연스러운 정보 공유에서 떨어져있는 그룹이라고 할 수 있다. 유학생학생회나 유학생 선배가 있는 경우라면 몰라도 그런 것이 없다면 더욱 어려운 문제라고 할 수 있다.

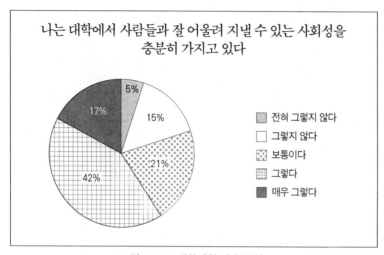

〈그림 4-19〉 대학생활 적응 문항 9

위의 설문응답을 살펴보면, 긍정적인 대답인 '매우 그렇다', '그렇다'라고 답한 사람은 59%(277명), 부정적인 대답인 '그렇지 않다', '전혀 그렇지 않다'라고 응답한 사람은 20%(93명)으로 나타났다. 유학생들의 경우 한국으로 유학을 왔기 때문에 능동적인 배움의 자세를 갖췄다고 볼 수 있다. 그렇기 때문에 다른 문화에 대해 수용할 수 있는 수용성을 가지고 있다. 하지만 유학생들이 그러지 못하는 가장 큰 이유는 앞에서 언급한대로 언어적인 문제와 한국 대학생들의 다문화 수용성의 문제이다. 그러므로 수용적 태도를 갖춘 학위과정 유학생들의 경우 한국 학생들과 만날 수 있는 기회를 제공해 주는 것만으로도 큰 효과가 있을 것으로 기대된다.

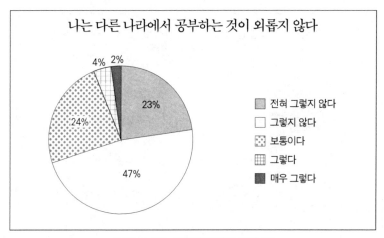

〈그림 4-20〉 대학생활 적응 문항 10

위의 설문응답을 살펴보면, 긍정적인 대답인 '매우 그렇다', '그렇다'라고 답한 사람은 6%(27명), 부정적인 대답인 '그렇지 않다', '전혀 그렇지 않다'라고 응답한 사람은 70%(329명)으로 나타났다. 그러므로 유학생들이 참여할 수 있는 다양한 활동이 필요하고 그들이 한국에서의 대인관계를 확장할 수 있도록 많은 프로그램이나 제도, 정책 등이 필요함을 알 수 있다.

결론적으로 '대학생활 적응'에 있어서 학위과정 유학생들은 상대적으로 적응을 잘하지 못하는 것으로 나타났다. 또한 낮은 학업성취도, 좁은 인간관계, 소극적인 대외활동 참여, 교수와의 낮은 교류 등 거의 모든 대학생활에서 부적응에 가까운 모습을 보였다.

5. 학위과정 유학생의 대학이미지 분석

학위과정 유학생이 가지고 있는 대학이미지 설문내용이다. 설문내용은 대학의 교육 프로그램은 다양한가, 우수한 교수진이 확보되어 있는가, 장학금 혜택은 풍부한가, 등록금 수준은 적절한가, 유학생을 위한 학생 복지는 잘 갖춰져 있는가, 대학의 역사와 전통이 있는가, 대학의 대외 인지도는 높은가, 취업 대책을 지원하는가 등으로 구성 된다.

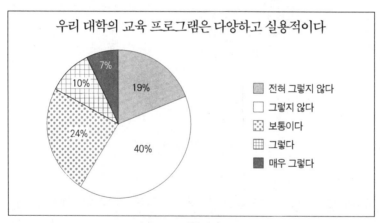

〈그림 4-21〉 대학이미지 문항 1

위의 설문응답을 살펴보면, 긍정적인 대답인 '매우 그렇다', '그렇다'라고 답한 사람은 17%(78명), 부정적인 대답인 '그렇지 않다', '전혀 그렇지 않다'라고 응답한 사람은 59%(278명)으로 나타났다. 대학의 프로그램은 실제 다양하게 존재하지만 외국인 유학생이 접할 수 있는 프로그램은 굉장히 제한적이다. 그렇기 때문에 한국 대학생을 대상으로 만약 같은 설문을 진행했다면 다른 응답률을 보였을 것이다. 그런 의미에서 앞서 언급한 유학생들의 졸업 후 계획에 따라서 제공할 수 있는 다양한 교육과정을 운영할 필요가 있다.

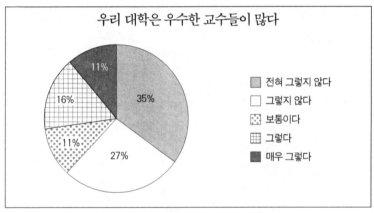

〈그림 4-22〉 대학이미지 문항 2

위의 설문응답을 살펴보면 긍정적인 대답인 '매우 그렇다', '그렇다'라고 답한 사람은 27%(127명), 부정적인 대답인 '그렇지 않다', '전혀 그렇지 않다'라고 응답한 사람은 62%(289명)으로 나타났다. 사실 대학생 입장에서 교수의 역량을 평가하는 것은 쉽지 않다. 강의를 듣고 강의 평가를 할 수는 있으나 교수가 가진 능력을 학부생 입장에서 평가하는 것은 쉽지 않다. 그럼 현실적으로 외국인 유학생 입장에서 생각하는 우수한 교수는 자신에게 관심을 갖고 도움을 주면서 대학생활에 도움을 주는 교수라고 할 수 있다. 그러므로 학위과정 유학생을 위한 새로운 교육과정을 설계할 때 유학생들만을 위한 교수진을 구성하는 것도 좋은 아이디어가 될 수 있다.[8]

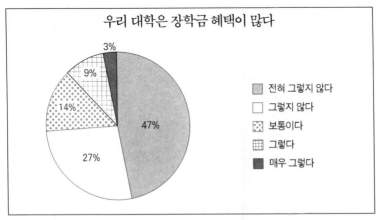

<그림 4-23> 대학이미지 문항 3

위의 설문응답을 살펴보면, 긍정적인 대답인 '매우 그렇다', '그렇다'라고 답한 사람은 12%(59명), 부정적인 대답인 '그렇지 않다', '전혀 그렇지 않다'라고 응답한 사람은 74%(344명)으로 나타

---

8) 유광수 외("Residential College 교육환경에서 Residential Assistants의 역할과 전망: 연세대학교(2014학년 1학기) RA 운영과 결과를 중심으로", 교양교육연구, 교양교육학회 12-8, 2014, 54쪽.)은 유학생과 관련된 언급은 아니지만 RM(Residential Master)의 업무 분장이 좀 더 세분화되고 특별화될 필요가 있다는 언급을 했다. 이는 RC에 있는 1학년 학생들을 위한 RM 즉 교수들이 맞춤형 임무를 담당하므로 대학생들의 학업 적응에 도움을 주는 것처럼 유학생들을 위한 학업, 복지, 취업과 상담 등을 담당하는 RM이 있을 경우 현실적으로 유학생들의 학업 적응에 큰 도움을 줄 수 있을 것이다.

났다. 외국인 유학생 입장에서 가장 민감한 문제는 바로 장학금이다. 한국 대학생의 경우 장학금을 받지 못한다고 해도 비정규직 일을 하면서 학비나 생활비를 충당할 수 있지만 학생 비자로 입국한 외국인 유학생의 경우에는 그마저도 어렵다. 그러므로 이에 대한 방안을 마련할 필요도 있다.

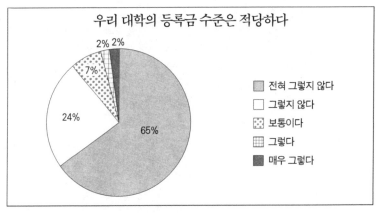

〈그림 4-24〉 대학이미지 문항 4

위의 설문응답을 살펴보면, 긍정적인 대답인 '매우 그렇다', '그렇다'라고 답한 사람은 4%(18명), 부정적인 대답인 '그렇지 않다', '전혀 그렇지 않다'라고 응답한 사람은 89%(418명)으로 나타났다.

이는 매우 역설적인 결과이기도 하다. 본 만족도 조사에 응한 대상자의 경우 '한국 대학', '한국 정부', '한국 장학재단', '본국 대학', '본국 정부' 등을 포함해서 70%의 유학생이 장학금을 받고 있었다.[9] 그럼에도 불구하고 이 중 89%는 한국 대학의 등록금 수준이 적당하지 않다고 대답했다.

〈표 4-4〉 유형별 등록금 부담 형태

구분	자비	정부초청	대학초청	외국정부파견	기타	합계
학생수	73,138	2,701	6,890	1,042	1,120	84,891
비율(%)	86.2	3.2	8.1	1.2	1.3	100

출처: 교육부, 「2014년도 국내 외국인 유학생 통계」, 2014.

위 표를 보면 자비로 유학을 온 유학생이 86.2%로 압도적인 수
치를 차지하고 있음이 나타난다. 본고에서 진행한 만족도 및 요구
분석에 참여한 유학생의 경우 장학금을 받고 온 학생들이 주였지
만 실제로는 그렇지 않은 것이다. 그러므로 등록금에 만족하지 않
는 유학생들의 의견은 설문에 참여한 본인의 의사라기보다는 일반
적으로 유학생들 사이에서 통용되는 등록금에 대한 부정적인 담론
은 표현한 것으로 해석할 수 있겠다. 〈그림 4-25〉를 보면 장학금,
복지 등에 대한 불만족도 이와 관련이 있을 것이다.

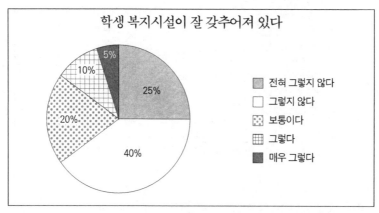

〈그림 4-25〉 대학이미지 문항 5

---

9) 본고 〈그림 4-1〉, 53쪽 참고.

위의 설문응답을 살펴보면 긍정적인 대답인 '매우 그렇다', '그렇다'라고 답한 사람은 15%(69명), 부정적인 대답인 '그렇지 않다', '전혀 그렇지 않다'라고 응답한 사람은 65%(304명)으로 나타났다. 이러한 결과 또한 역설적인 측면이 있다. 앞에서 언급했듯이, 한국 대학의 학위과정으로 입학하는 유학생들의 경우, 70%의 유학생이 장학금을 받고 있다. '장학금'도 '복지'라고 전제했을 때 65%의 유학생이 한국 대학의 복지 제도에 관해서 낮은 평가를 내렸다는 것은 주목할 필요가 있다. 학위과정 유학생들의 학업을 비롯해서 '생활'에서 유발되는 다양한 어려움을 해소해 줄 수 있는 프로그램을 대학에서 제공해줄 필요가 있음을 알 수 있게 하는 대목이다.

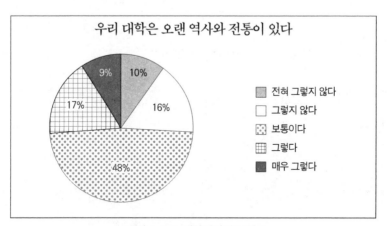

<그림 4-26> 대학이미지 문항 6

위의 설문응답을 살펴보면, 긍정적인 대답인 '매우 그렇다', '그렇다'라고 답한 사람은 26%(125명), 부정적인 대답인 '그렇지 않

다', '전혀 그렇지 않다'라고 응답한 사람은 26%(129명)으로 나타
났다. '보통이다'라는 답변이 많이 나온 것으로 보아 유학생들이 유
학생활을 할 대학을 선정할 때 대학 특유의 역사와 전통은 중요하
게 생각하지 않는 것으로 보인다. 그렇지만 우리가 유학을 준비할
때 해당 학교의 전통과 역사를 고려하는 것처럼 유학생들도 한국
대학의 위상을 이해하고 대학에 대한 높은 자부심을 바탕으로 학
업을 진행할 수 있도록 할 필요가 있다. 여기에 각 대학교별 '인재
상' 등을 함께 제공해 줄 수 있는 교육 프로그램이 있다면 유학생
들의 대학 만족도를 더 높일 수 있을 것이다.

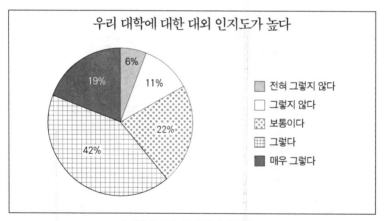

〈그림 4-27〉 대학이미지 문항 7

위의 설문응답을 살펴보면, 긍정적인 대답인 '매우 그렇다', '그렇
다'라고 답한 사람은 61%(286명), 부정적인 대답인 '그렇지 않다',
'전혀 그렇지 않다'라고 응답한 사람은 17%(80명)으로 나타났다.

이는 현재 소속된 대학에서 제공하는 안내자료 등을 유학생들이 직접 검토하고 입학을 결정했기 때문에 도출된 긍정적인 답변으로 보인다. 그렇지만 이것이 '유학생을 위한 복지 제도', '유학생을 위한 교육 프로그램' 등이 우수하다는 것으로 해석해서는 안 된다. 왜냐하면 한국 대학에 유학생들이 많이 있다는 것만으로도 유학생들은 본인이 입학한 대학의 '인지도'를 높다고 생각할 수 있기 때문이다.

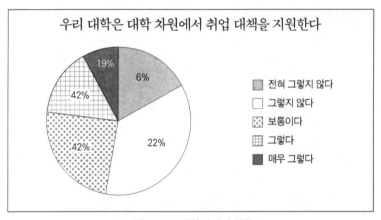

<그림 4-28> 대학이미지 문항 8

위의 설문응답을 살펴보면, 긍정적인 대답인 '매우 그렇다', '그렇다'라고 답한 사람은 23%(110명), 부정적인 대답인 '그렇지 않다', '전혀 그렇지 않다'라고 응답한 사람은 53%(247명)으로 나타났다. 실제 대학교에서 가장 크게 신경을 쓰는 것은 바로 재학생의 취업률이다. 대학평가에서도 가장 크게 평가받는 평가항목이기 때

문에 이와 같은 점을 염두하고 대학에서 취업지원 프로그램을 지원한다. 그렇지만 설문에 응시한 유학생의 경우 이에 대해 부정적인 답변을 했다. 유학생들을 위한 취업 프로그램은 대학 만족도를 높이기 위해서 필요한 것으로 판단된다.

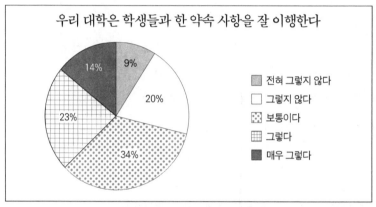

〈그림 4-29〉 대학이미지 문항 9

위의 설문응답을 살펴보면, 긍정적인 대답인 '매우 그렇다', '그렇다'라고 답한 사람은 37%(175명), 부정적인 대답인 '그렇지 않다', '전혀 그렇지 않다'라고 응답한 사람은 29%(135명)으로 나타났다. 다만 '보통이다'도 34%로 나타났는데 보통의 비율이 긍정적인 비율 그리고 부정적인 비율과 동등한 비율로 나타났다는 것은 대학의 약속 이행과 관련해서 학위과정 유학생들이 큰 관심이 없는 것으로 이해할 수 있는 대목이다. 특히 본 설문에 응한 참여자의 70%가 장학금을 받고 있는 유학생이라고 전제했을 때 긍정적인 대답이 37%에 불과하다는 것은 오히려 대학의 약속 이행에 대해서 부정적임을 방증하는 것으로 파악된다.

결론적으로 유학생들의 인식 속 한국 대학교는 비실용적인 프로그램을 운영하는 곳이었고 교수들의 수준도 낮으며 장학금 혜택도 불합리한 곳이었다. 또한 등록금은 비싸지만 유학생을 위한 복지시설은 충분하지 않은 곳이었다. 또한 주목할 부분은 유학생들의 경우 자신들이 다니고 있는 대학의 역사나 전통에는 큰 관심을 보이지 않았다는 것이다. 이는 대학에 대한 '만족도', '자부심'과 관련이 있기 때문에 이에 대한 내용이 교육과정 설계상에서 반영될 필요가 있겠다.

6. 학위과정 유학생을 위한 개설 강의 분석

이어서 '유학생을 위한 개설 강의'에 대한 내용이다. 특히 이 장은 실제 학위과정 유학생들이 원하는 강의가 무엇인지 알 수 있기 때문에 '국가', '성별', '나이' 등 세 가지 학습자 변인을 고려해서 분석할 것이다. 설문내용은 가장 개설되었으면 하는 분야는 무엇인가, '한국어와 의사소통' 영역의 희망과목은 무엇인가, '한국의 역사' 영역의 희망과목은 무엇인가, '한국의 정치, 경제' 영역의 희망과목은 무엇인가, '한국의 문화예술' 영역의 희망과목은 무엇인가, 수강 중인 교육 프로그램의 제안사항은 무엇인가, 유학생에 필요한 사항은 무언인가로 구성된다.

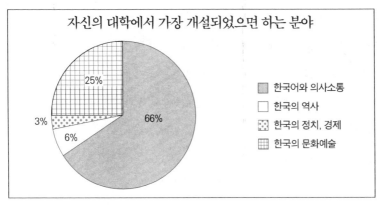

<그림 4-30> 유학생을 위한 개설 강의 문항 1

위의 응답을 살펴보면, '한국어와 의사소통' 66%(310명), '한국의 문화예술' 25%(117명), '한국의 역사' 6%(27명), '한국의 정치·경제' 3%(14명) 순이었다. 이것은 외국인 유학생이 한국 대학에서 가장 필요로 하는 것이 바로 어학 관련 프로그램이란 것을 알수 있다. 실제 앞에서 제시한 유학생의 대학 생활에서의 문제점에서 의사소통 능력이 가장 심각했기 때문에 이에 대한 관심이 높을수밖에 없다. 그런 의미에서 한국어 능력을 향상시키는 요소를 교육과정 설계에 반영할 필요가 있다.

좀 더 세부적으로 학습자 변인에 따라서 살펴보면, 성별의 경우 남학생과 여학생 모두 '한국어와 의사소통'이 가장 많았다. 국적의 경우, 중국학생은 '한국어와 의사소통'(84.5%)이 가장 높게 나타났으며, 몽골학생을 비롯한 대만, 베트남, 기타 등은 '한국의 문화예술'(100%)이 가장 높게 나타났다. 연령의 경우, 20세미만과 20~22세의 경우 '한국어와 의사소통'이 가장 높게 나타났다.

23~25세와 26~29세, 그리고 30세이상의 경우는 '한국의 문화예술'이 가장 높게 나타났다. 연령이 낮은 학습자의 경우 '한국어와 의사사통' 강의가 개설되기를 희망하는 것으로 나타났으며, 연령이 높을수록 '한국의 문화예술' 강의가 개설되기를 희망하는 것으로 나타났다.

〈표 4-5〉 학습자의 변인에 따른 희망하는 개설 강의

(단위: 명(%))

		한국어와 의사소통	한국의 역사	한국의 정치·경제	한국의 문화예술	소계	x^2
성별	남	171 (100.0)	-	-	-	171 (100)	137.335***
	여	139 (46.8)	27 (9.1)	14 (4.7)	117 (39.4)	297 (100)	
국적	중국	310 (84.5)	27 (7.4)	14 (3.8)	16 (4.4)	367 (100)	386.387***
	몽골	-	-	-	85 (100.0)	85 ((100)	
	대만	-	-	-	4 (100.0)	4 (100)	
	베트남	-	-	-	3 (100.0)	3 (100)	
	기타	-	-	-	9 (100.0)	9 (100)	
연령	20세 미만	69 (100.0)	-	-	-	69 (100)	477.684***
	20~22세	241 (89.3)	27 (10.0)	2 (7.0)	-	270 (100)	
	23~25세	-	-	12 (11.0)	97 (89.0)	109 (100)	

26~ 29세	-	-	-	15 (100.0)	15 (100)	
30세 이상	-	-	-	5 (100.0)	5 (100)	
합계	310 (66.2)	27 (5.8)	14 (3.0)	117 (25.0)	468 (100)	

***$p < .001$

이어서 '한국어와 의사소통'과 관련된 설문 결과이다.

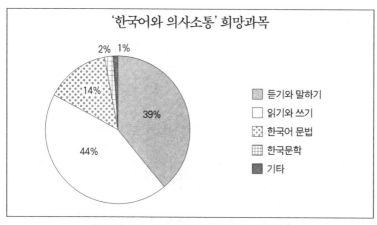

〈그림 4-31〉 유학생을 위한 개설 강의 문항 2

위의 설문응답에서 '읽기와 쓰기' 44%(207명), '듣기와 말하기' 39%(182명), '한국어 문법' 14%(66명), '한국문학' 2%(8명), '기타' 1%(5명)으로 나타났다. '읽기와 쓰기'가 유학생들에게 그만큼 어려운 영역으로 인식되기 때문으로 보인다. 특히 쓰기의 경우에는 학위과정 유학생들의 학업 적응에 매우 중요하기 때문에 이에 대한 교육과정 반영이 요구된다.

좀 더 세부적으로 학습자 변인에 따라서 살펴보면, 성별의 경우 남학생은 '듣기와 말하기'(100%)로 가장 높게 나타난 반면, 여학생은 '읽기와 쓰기'(69.7%)가 가장 높게 나타났다. 국적의 경우, 중국학생의 경우 읽기와 쓰기(50.4%)로 가장 높게 나타났으며, 몽골학생의 경우 '한국어문법'(77.6%), 대만학생과 베트남학생, 그리고 기타의 경우는 '읽기와 쓰기'(100%)가 가장 높게 나타났다. 연령의 경우, 20세미만의 경우는 '듣기말하기'(100%)로 가장 높게 나타났으며, 20~22세의 경우는 '읽기와 쓰기(58.1%)', 23~25세의 경우는 '한국문학', 30세 이상의 경우는 '기타'(100%)로 듣고 싶은 강의를 제시하였다.

〈표 4-6〉 학습자의 변인에 따른 '한국어와 의사소통' 분야 강의의 희망 수강 과목

(단위: 명(%))

		듣기 말하기	읽기 쓰기	한국어 문법	한국 문학	기타	소계	x^2
성별	남	171 (100.0)	-	-	-	-	171 (100)	423.429***
	여	11 (3.7)	207 (69.7)	66 (22.2)	8 (2.7)	5 (1.7)	297 (100)	
국적	중국	182 (49.6)	185 (50.4)	-	-	-	367 (100)	447.023**
	몽골	-	6 (7.1)	66 (77.6)	8 (9.4)	5 (5.9)	85 (100)	
	대만	-	4 (100.0)	-	-	-	4 (100)	
	베트남	-	3 (100.0)	-	-	-	3 (100)	

							합계	
국 적	기타	–	9 (100.0)	–	–	–	9 (100)	
연 령	20세 미만	69 (100.0)	–	–	–	–	69 (100)	
	20~ 22세	113 (41.9)	157 (58.1)	–	–	–	270 (100)	
	23~ 25세	–	–	50 (45.9)	59 (54.1)	–	109 (100)	1056.511***
	26~ 29세	–	–	7 (46.7)	8 (53.3)	–	15 (100)	
	30세 이상	–	–	–	–	5 (100.0)	5 (100)	
합계		182 (38.9)	207 (44.2)	66 (14.1)	8 (1.7)	5 (1.1)	468 (100)	

***$p < .001$

이어서 '역사'관련 설문 조사 결과이다.

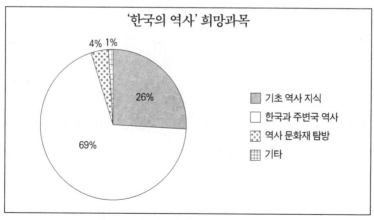

〈그림 4-32〉 유학생을 위한 개설 강의 문항 3

위의 설문응답을 보면, '한국과 주변국 역사'가 69%(321명)으로 가장 많았고 '기초 역사 지식'이 26%(124명), '역사 문화재 탐방'이 4%(18명), 기타 1%(5명)으로 나타났다. '한국과 주변국 역사'에 관한 응답률이 높은 것은 실제 설문에 참여한 응답자 중 중국 유학생의 비율이 높고 중국 유학생을 제외하더라도 아시아 국가에서 온 유학생이 많기 때문이다. 이것은 실제 한국으로 유학을 온 유학생의 국가 중 상당수가 중국 유학생이기 때문에 유의미한 설문결과라고 할 수 있다.

좀 더 세부적으로 학습자 변인에 따라서 살펴보면, '한국의 역사' 분야의 강의가 개설된다면 희망 수강 과목을 분석한 결과, 성별의 경우 남학생은 '기초역사지식'(72.5%)로 가장 높게 나타난 반면, 여학생은 '한국과 주변국의 역사'(92.3%)가 가장 높게 나타났다. 국적의 경우, 중국학생을 비롯한 몽골, 대만, 베트남, 기타 등 모두 '한국과 주변국의 역사' 분야에 대해 개설되기를 희망하였다. 연령의 경우, 20세미만의 경우는 '기초역사지식'(100%)로 가장 높게 나타났으며, 20~22세와 23~25세의 경우 '한국과 주변국 역사'가 가장 높게 나타났다. 26~29세의 경우 '역사문화재 탐방'(100.0%)이 가장 높게 나타났으며, 30세 이상의 경우는 '기타'(100%)로 나타났다.

〈표 4-7〉학습자의 변인에 따른 '한국의 역사' 분야 강의의 희망 수강 과목

(단위: 명(%))

		기초 역사지식	한국과 주변국 역사	역사 문화재 탐방	기타	소계	x^2
성별	남	124 (72.5)	47 (27.5)	-	-	171 (100)	294.985***
	여	-	274 (92.3)	18 (6.1)	5 (1.7)	297 (100)	
국적	중국	124 (33.8)	243 (66.2)	-	-	367 (100)	140.599***
	몽골	-	62 (72.9)	18 (21.2)	5 (5.9)	85 (100)	
	대만	-	4 (100.0)	-	-	4 (100)	
	베트남	-	3 (100.0)	-	-	3 (100)	
	기타	-	9 (100.0)	-	-	9 (100)	
연령	20세 미만	69 (100.0)	-	-	-	69 (100)	1094.745***
	20~ 22세	55 (20.4)	215 (79.6)	-	-	270 (100)	
	23~ 25세	-	106 (97.2)	3 (2.8)	-	109 (100)	
연령	26~ 29세	-	-	15 (100.0)	-	15 (100)	
	30세 이상	-	-	-	5 (100.0)	5 (100)	
합계		124 (26.5)	321 (68.6)	18 (3.8)	5 (1.1)	468 (100)	

*** $p < .001$

이어서 '정치', '경제'와 관련된 설문 조사 결과이다.

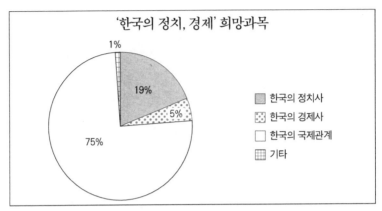

〈그림 4-33〉 유학생을 위한 개설 강의 문항 4

위의 설문응답을 보면, '한국의 국제관계'가 95%(352명)으로 가장 많았고 다음으로 '한국의 정치사' 19%(90명), '한국의 경제사' 5%(23명), '기타' 1%(3명) 순으로 나왔다. '한국의 국제관계'의 경우 북한, 일본, 러시아, 중국, 미국 등과의 관계에 유학생들이 큰 호기심을 갖기 때문으로 보인다. 인상적인 것은 '한국의 정치사'에 대한 요구도 매우 높다는 것이다.

좀 더 세부적으로 학습자 변인에 따라서 살펴보면, 성별의 경우 남학생은 '한국의 정치사'(52.6%)가 가장 높게 나타난 반면, 여학생은 '한국의 국제관계'(99.0%)가 가장 높게 나타났다. 국적의 경우, 중국학생을 비롯한 몽골, 대만, 베트남, 기타 등 모두 '한국의 국제관계' 분야에 대해 수강하기를 희망하는 것으로 나타났다. 연령의 경우, 20세미만은 '한국의 정치사'(100%)로 가장 높게 나타났으며, 20~22세는 '한국의 국제관계'(83.7%), 23~25세를 포함한 나머지 연령의 경우 '한국의 국제관계'가 개설된다면 수강하기를 희망하는 것으로 나타났다.

〈표 4-8〉 학습자의 변인에 따른 '한국의 정치·경제' 분야의 희망 수강 과목

(단위: 명(%))

		한국의 정치사	한국의 경제사	한국의 국제관계	기타	소계	x^2
성별	남	90 (52.6)	23 (13.5)	58 (33.9)	-	171 (100)	259.084***
	여			294 (99.0)	3 (1.0)	297 (100)	
국적	중국	90 (24.5)	23 (6.3)	254 (69.2)	-	367 (100)	52.788***
	몽골			82 (96.5)	3 (3.5)	85 (100)	
	대만			4 (100.0)		4 (100)	
	베트남			3 (100.0)		3 (100)	
	기타			9 (100.0)		9 (100)	
연령	20세 미만	69 (100.0)				69 (100)	637.398***
	20~22세	21 (7.8)	23 (8.5)	226 (83.7)		270 (100)	
	23~25세			109 (100.0)		109 (100)	
	26~29세			15 (100.0)		15 (100)	
	30세 이상			2 (40.0)	3 (60.0)	5 (100)	
합계		90 (19.2)	23 (4.9)	352 (75.2)	3 (6.0)	468 (100)	

***$p < .001$

이어서 '문화예술'과 관련된 설문 조사 결과이다.

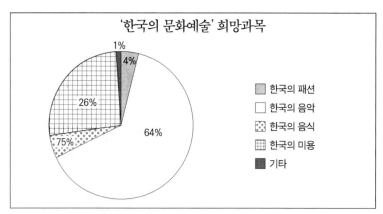

'한국의 문화예술' 희망과목

1%
4%
26%
75%
64%

한국의 패션
한국의 음악
한국의 음식
한국의 미용
기타

〈그림 4-34〉 유학생을 위한 개설 강의 문항 5

위의 설문응답을 보면, 가장 희망하는 과목으로 '한국의 음악'이라고 답한 사람이 64%(300명)으로 가장 많았고 다음으로 '한국의 미용' 26%(124명), '한국의 음식' 5%(22명), '한국의 패션' 4%(17명), '기타' 1%(5명) 순으로 나타났다. '한국의 음악'은 한류의 가장 큰 콘텐츠이자 외국에서 한국을 알리는 가장 많이 활용되는 K-POP 등을 통해 이미 한국에 오기 전부터 친숙하다고 할 수 있다. '한국의 미용'은 중국을 비롯한 아시아 지역에서 한국의 화장품에 대한 인기와 유행이 강하기 때문에 선호하는 것으로 예상할 수 있다.

좀 더 세부적으로 학습자 변인을 고려하여 설명하자면, 성별의 경우 남학생과 여학생 모두 '한국의 음악' 과목을 수강하기를 희망하는 것으로 나타났다. 국적의 경우, 중국학생은 '한국의 음악'(81.7%)이 가장 높게 나타났으며, 몽골학생을 비롯한 나머지 국가는 '한국의 미용'에 대해 수강하기를 희망하는 것으로 나타났다. 연령의 경우, 20세미만과 20~22세의 경우는 '한국의 음악'에 대해 수강하기를 희망하였으며, 23~25세와 26~29세의 경우는 '한국의 미용', 그리고 30세 이상은 '기타'로 나타났다.

〈표 4-9〉 학습자의 변인에 따른 '한국의 문화예술' 분야의 희망 수강 과목

(단위: 명(%))

		한국의 패션	한국의 음악	한국의 음식	한국의 미용	기타	소계	x^2
성별	남	17 (9.9)	154 (90.1)				171 (100)	144.785***
	여		146 (49.2)	22 (7.4)	124 (41.8)	5 (1.7)	297 (100)	
국적	중국	17 (4.6)	300 (81.7)	22 (6.0)	28 (7.6)	-	367 (100)	344.448***
	몽골				80 (94.1)	5 (5.9)	85 (100)	
	대만				4 (100.0)		4 (100)	
	베트남				3 (100.0)		3 (100)	
	기타				9 (100.0)		9 (100)	
연령	20세 미만	17 (24.6)	52 (75.4)				69 (100)	1037.928***
	20~ 22세		248 (91.9)	22 (8.1)			270 (100)	
	23~ 25세				109 (100.0)		109 (100)	

연령	26~29세				15 (100.0)		15 (100)	
	30세 이상					5 (100.0)	5 (100)	
합계	17 (3.6)	300 (64.1)	2 (4.7)	124 (26.5)	5 (1.1)	468 (100)	

***$p < .001$

이어서 '교육 프로그램'에 대한 제안 사항에 대한 결과이다.

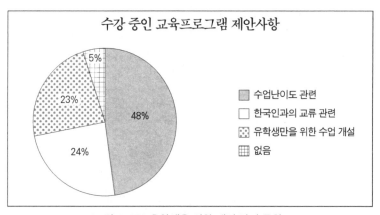

〈그림 4-35〉 유학생을 위한 개설 강의 문항 6

위의 설문응답을 보면, '수업난이도 관련'이 48%(225명)으로 가장 많았고 '한국인과의 교류'가 24%(112명), '유학생만을 위한 수업 개설'이 23%(109명), '없음'이라고 응답한 사람이 5%(22명)으로 나타났다. 수업난이도의 경우 유학생들이 수업을 따라갈 수 없어서 학업 적응에 어려움을 주기 때문이다. 학위과정 유학생들을 배려할 수 있는 방안이 요구된다. 한국인과의 교류는 한국으로 유

학 왔지만, 언어적·문화적 차이로 인해 한국인 학생이나 대학교
의 교수와도 관계를 형성하는데 어려움을 겪기 때문이다.

학습자 변인을 고려해서 더 상세히 분석해 보면, 성별의 경우 '남
학생'은 수업의 난이도(100.0%), '여학생'의 경우는 '한국인과 교
류'가 가장 높게 나타났다. 국적의 경우, 중국학생은 '수업의 난이
도'(61.3%)로 가장 높게 나타났다. 몽골학생을 비롯한 나머지 국
가는 '유학생만을 위한 강의 개설'에 개선점을 제시하였다.

연령의 경우, 20세미만과 20~22세는 '수업의 난이도'가 가장 높
게 나타났다. 23~25세의 경우는 '유학생만을 위한 강의 개설', 그
리고 26~29세와 30세 이상의 경우 '없음'으로 나타났다.

〈표 4-10〉 학습자의 변인에 따른 교육프로그램에 대한 개선점

(단위: 명(%))

		수업의 난이도	한국인과 교류	유학생만을 위한 강의 개설	없음	소계	x^2
성별	남	171 (100.0)	-	-	-	171 (100)	291.011***
	여	54 (18.2)	112 (37.7)	109 (36.7)	22 (7.4)	297 (100)	
국적	중국	225 (61.3)	112 (30.5)	30 (8.2)	-	367 (100)	362.585***
	몽골			63 (74.1)	22 (25.9)	85 (100)	
	대만			4 (100.0)		4 (100)	
	베트남			3 (100.0)		3 (100)	
	기타			9 (100.0)		9 (100)	

연령	20세 미만	69 (100.0)				69 (100)	
	20~22세	156 (57.8)	112 (41.5)	2 (0.7)		270 (100)	
	23~25세			107 (98.2)	2 (1.8)	109 (100)	934.413***
	26~29세				15 (100.0)	15 (100)	
	30세 이상				5 (100.0)	5 (100)	
합계		225 (48.1)	112 (23.9)	109 (23.3)	22 (4.7)	468 (100)	

***$p < .001$

이어서 유학생활에서 반드시 필요한 것이 무엇이냐는 질문에 대한 결과이다.

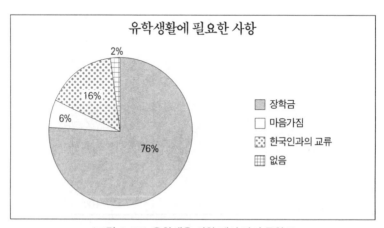

〈그림 4-36〉 유학생을 위한 개설 강의 문항 7

위의 설문응답을 보면, '장학금'이라고 응답한 인원이 76%(357명), '한국인과의 교류'은 16%(77명), '마음가짐'이라고 한 사람은 6%(27명), '없음'이라고 응답한 사람은 2%(7명)이다. 장학금의 경우 국가에서 장학금을 받거나 대학이나 재단에서 받는 인원들 또한 한국에서 생활하는 생활비가 필요하기 때문에 장학금에 대한 중요성을 굉장히 높게 평가하고 있다. 한국인과의 교류는 유학생이 한국문화와 한국사회에 적응하는 문제가 발생했을 때 도우미 역할을 비롯하여 정서적인 측면까지 영향을 주기 때문에 높은 응답률이 나온 것으로 보인다. 마음가짐의 경우 타지에서 유학생활을 하다 겪게 되는 외로움과 두려움, 무서움 등과 같은 부정적인 감정을 극복하기 위해서 마음가짐이 가장 중요하다고 판단하여 응답한 것으로 보인다.

학습자 변인을 고려해서 더 분석해 보자면, 성별의 경우 남학생과 여학생 모두 '장학금'이 가장 높게 필요한 것으로 나타났다. 국적의 경우 중국학생은 '장학금'이 가장 높게 나타났으며, 몽골학생은 '한국인과 교류', 대만을 비롯한 나머지 국가의 경우는 '마음가짐'이 가장 필요한 것으로 나타났다. 연령의 경우, 20세미만과 20~22세의 경우 '장학금'이 가장 높게 나타났으며, 23~25세와 26~29세의 경우는 '한국인과 교류'가 가장 필요한 것으로 나타났다.

결론적으로 '유학생을 위한 개설 강의'의 경우, 한국어 강의에 대한 수요가 가장 높았다. 그 중에서도 쓰기와 읽기가 가장 높았다. '한국의 역사'는 '한국과 주변국의 역사', '한국의 정치, 경제'는 '한국의 국제관계', '한국의 문화예술'은 '한국의 음악'이 각각 가장 높은 위치를 차지했다. 여기서 발견할 수 있는 점은 한국에 대한 역사, 경제, 사회 분야에 대한 공부보다는 한국을 둘러싼 주변국과의 관계에 대한 다양한 분야에 더 높은 관심을 보였다는 것이다. 다만 중요한 것은 성별, 연령, 국가처럼 다양한 변인들 역시 고려해야 한다는 것이다.

7. 분석 결과

여기서는 각 변인들 사이의 '유의미성'을 '성별', '국적', '연령', '한국 거주 기간', '거주지', '한국어 능력' 등에 따라서 판단해 보고자 한다. 각 변인별 유의미성은 향후 대학에서 유학생을 위한 교육과정을 설계할 때 다양한 변인들을 고려하여 '실제성' 있는 교육과정을 설계할 수 있도록 돕기 위함이다.

가. 성별에 따른 변인들의 차이 검증

성별에 따른 유학생들의 교육만족도, 문화적응, 대학생활 적응, 대학이미지 등에 유의미한 차이가 있는 것으로 나타났다. 전체 평균의 경우, 여학생 (3.35)이 남학생(1.71) 보다 높게 나타났다.

〈표 4-11〉 성별에 따른 변인들의 차이 검증

	성별	N	M	SD	F
교육만족도	남	171	1.75	0.25	113.196***
	여	297	2.70	1.15	
	계	468	2.36	1.04	
문화적응	남	171	2.68	0.63	968.571***
	여	297	4.23	0.45	
	계	468	3.66	0.91	
대학생활 적응	남	171	1.72	0.37	625.417***
	여	297	3.13	0.68	
	계	468	2.62	0.90	
대학이미지	남	171	1.71	0.45	643.000***
	여	297	3.35	0.77	
	계	468	2.75	1.03	

*** $p < .001$

표준편차(SD)의 경우, 설문에 응답한 수가 여학생이 더 많았기 때문에 여학생이 더 높지만 전체적으로 각 변인별 평균은 여학생이 남학생보다 더 높았다. 특히 문화적응과 관련해서는 여학생의 평균이 4.23으로 가장 높았고 남학생의 평균 또한 2.68로 가장 높았다.

결론적으로 남학생과 여학생 모두 한국 문화에 대한 '호감' 때문에 한국 유학을 결정했음을 알 수 있게 하는 결과이다.[10]

---

10) 문효진("국내 외국인 유학생의 한류 인식과 한류콘텐츠 만족도 및 제품 선호도, 국가 호감도 관계 연구", 광고연구 100, 한국광고홍보학회, 2014, 143쪽.)은 국적에 상관없이 한국 음악, 드라마, 영화 등 한류가 한국 유학 결정에 가장 큰 영향을 주고 있음을 지적했다.

나. 국적에 따른 변인들의 차이 검증

국적에 따른 유학생들의 교육만족도, 문화적응, 대학생활 적응, 대학이미지 등에 유의미한 차이가 있는 것으로 나타났다. 평균(M)을 살펴보면 몽골학생이 가장 높게 나타났으며 반면 중국학생이 가장 낮게 나타났다.

〈표 4-12〉 국적에 따른 변인들의 차이 검증

	국적	N	M	SD	F
교육만족도	중국	367	1.86	0.39	692.359***
	몽골	85	4.31	0.44	
	대만	4	3.00	0.00	
	베트남	3	3.00	0.00	
	기타	9	3.50	0.25	
	합계	468	2.36	1.04	
문화적응	중국	367	3.35	0.78	85.825***
	몽골	85	4.82	0.08	
	대만	4	4.67	0.00	
	베트남	3	4.67	0.00	
	기타	9	4.70	0.03	
	합계	468	3.66	0.91	
대학생활 적응	중국	367	2.25	0.61	176.117***
	몽골	85	4.03	0.38	
	대만	4	3.44	0.00	
	베트남	3	3.44	0.00	
	기타	9	3.47	0.06	
	합계	468	2.62	0.90	

대학이미지	중국	367	2.33	0.71
	몽골	85	4.37	0.40
	대만	4	3.65	0.00
	베트남	3	3.65	0.00
	기타	9	3.70	0.05
	합계	468	2.75	1.03

(175.528*** 은 대학이미지 행에 해당)

***$p < .001$

교육만족도, 문화적응, 대학생활적응, 대학이미지 등 모든 분야에서 몽골 유학생은 평균이 4.을 넘었지만 중국 유학생은 문화적응에 한해서만 평균이 3.을 넘었다. 특히 중국 유학생의 경우, 교육만족도에서 가장 낮은 평균점수를 보였는데 현재 거의 모든 대학들이 '중국 유학생'을 중심으로 교육과정을 설계함에도 이와 반대되는 결과가 나왔다.

이는 특정 국가 유학생을 위해 설계된 교육과정만이 문제가 아니라 유학생을 위해 개발되고 적용된 교육과정의 총체적 점검이 필요함을 방증하는 대목이다.[11]

다. 연령에 따른 변인들의 차이 검증

연령에 따른 유학생들의 교육만족도, 문화적응, 대학생활 적응,

---

11) 김경훤("외국인 유학생을 위한 한국어 집중학습 과정 - 성균관대학교 사례를 중심으로", 교양교육연구 8-6, 한국교양교육학회, 2014, 193쪽.)은 다국적화되면서 증가하고 있는 유학생의 교육적 수요에 부응하는 새로운 교육과정의 개발이 필요하다고 주장했다.

대학이미지 등에 유의미한 차이가 있는 것으로 나타났다. 교육만
족도의 경우, 26-29세와 30세 이상이 가장 높게 나타났으며, 문화
적응과 대학생활 적응, 대학이미지 등은 30세 이상이 가장 높게 나
타났다.

〈표 4-13〉 연령에 따른 변인들의 차이 검증

	국적	N	M	SD	F
교육만족도	20세 미만	69	1.50	0.00	911.028***
	20-22세	270	1.85	0.25	
	23-25세	109	3.66	0.60	
	26-29세	15	5.00	0.00	
	30세 이상	5	5.00	0.00	
	합계	468	2.36	1.04	
문화적응	20세 미만	69	2.03	0.46	539.856***
	20-22세	270	3.59	0.42	
	23-25세	109	4.64	0.24	
	26-29세	15	4.92	0.04	
	30세 이상	5	4.98	0.03	
	합계	468	3.66	0.91	
대학생활 적응	20세 미만	69	1.35	0.20	616.852***
	20-22세	270	2.38	0.41	
	23-25세	109	3.65	0.32	
	26-29세	15	4.49	0.15	
	30세 이상	5	4.81	0.00	
	합계	468	2.62	0.90	

	20세 미만	69	1.24	0.17	
대학이미지	20-22세	270	2.49	0.44	389.734***
	23-25세	109	3.96	0.40	
	26-29세	15	4.84	0.11	
	30세 이상	5	5.00	0.00	
	합계	468	2.75	1.03	

***$p < .001$

하지만 중요한 것은 26-30세에 이르는 유학생이 불과 20명밖에 없었다는 점이다. 유학생의 수가 가장 많은 20-22세의 유학생과 23-25세의 유학생은 교육만족도, 문화적응, 대학생활적응, 대학이미지 등에서 높은 순위를 차지하지 못했고, 심지어 20-22세의 유학생들은 '교육만족도'에서 1.85라는 매우 낮은 만족도를 보였다. 이는 한국으로 유입되는 학위과정 유학생들 중에서 20-25세의 유학생들을 중심으로 교육만족도를 높이기 위한 교육과정 설계가 필요함을 알 수 있는 대목이다.

라. 한국 대학에서 공부한 기간에 따른 변인들의 차이 검증

한국 대학에서 공부한 기간에 따른 유학생들의 교육만족도, 문화적응, 대학생활 적응, 대학이미지 등에 유의미한 차이가 있는 것으로 나타났다. 교육만족도, 문화적응, 대학생활 적응, 대학이미지 경우 2년 이상-3년 미만 4.34로 가장 높게 나타났다.

〈표 4-14〉 한국 대학에서 공부한 기간에 따른 변인들의 차이 검증

	국적	N	M	SD	F
교육 만족도	6개월 미만	207	1.80	0.25	867.380***
	6개월 이상-12개월 미만	10	2.00	0.00	
	1년 이상-2년 미만	137	1.85	0.43	
	2년 이상-3년 미만	77	4.34	0.45	
	3년 이상	37	3.34	0.43	
	합계	468	2.36	1.04	
문화적응	6개월 미만	207	2.85	0.69	332.716***
	6개월 이상-12개월 미만	10	3.72	0.00	
	1년 이상-2년 미만	137	3.98	0.12	
	2년 이상-3년 미만	77	4.83	0.08	
	3년 이상	37	4.60	0.16	
	합계	468	3.66	0.91	
대학생활 적응	6개월 미만	207	1.81	0.39	770.266***
	6개월 이상-12개월 미만	10	2.39	0.03	
	1년 이상-2년 미만	137	2.81	0.23	
	2년 이상-3년 미만	77	4.07	0.37	
	3년 이상	37	3.45	0.09	
	합계	468	2.62	0.90	
대학 이미지	6개월 미만	207	1.84	0.50	657.928***
	6개월 이상-12개월 미만	10	2.60	0.00	
	1년 이상-2년 미만	137	2.94	0.30	
	2년 이상-3년 미만	77	4.43	0.37	
	3년 이상	37	3.67	0.08	
	합계	468	2.75	1.03	

***$p < .001$

특이한 점은 한국에서 거주한 기간이 늘어날수록 교육만족도, 문화적응, 대학생활적응, 대학이미지 등과 관련된 평균값이 높아진다는 점이다. 이는 유학생의 한국어 능력과 경험의 축적 등과 연관시켜 생각해 볼 수 있을 것이다. 이 분석결과는 한국어 능력이 높지 않은 1년에서 2년 미만의 유학생들의 학업 적응을 위한 교육과정 설계에 중점을 둘 필요가 있음을 보여준다.

마. 거주지에 따른 변인들의 차이 검증

거주지에 따른 유학생들의 교육만족도, 문화적응, 대학생활 적응, 대학이미지 등에 유의미한 차이가 있는 것으로 나타났다. 교육만족도와 문화적응, 대학생활 적응, 대학이미지 등은 자가에서 가장 높게 나타났다.

〈표 4-15〉 거주지에 따른 변인들의 차이 검증

	거주지	N	M	SD	F
교육만족도	기숙사	345	1.79	0.28	1,903.05***
	자취	101	3.70	0.53	
	자가	22	5.00	0.00	
	합계	468	2.36	1.04	
문화적응	기숙사	345	3.29	0.76	209.601***
	자취	101	4.67	0.20	
	자가	22	4.93	0.05	
	합계	468	3.66	0.91	

대학생활 적응	기숙사	345	2.19	0.57	476.946***
	자취	101	3.67	0.30	
대학생활 적응	자가	22	4.54	0.21	
	합계	468	2.62	0.90	
대학이미지	기숙사	345	2.26	0.66	195.155***
	자취	101	3.98	0.38	
	자가	22	4.87	0.12	
	합계	468	2.75	1.03	

***$p < .001$

기숙사보다는 자취와 자가에서 거주하는 유학생이 교육만족도, 문화적응, 대학생활적응, 대학이미지 등에서 높은 수치를 보였다. 이는 기숙사에서 살 경우, 한국 학생이 아닌 유학생과 어울릴 확률이 높다는 점, 폐쇄적인 활동반경으로 인해 다양한 유학 경험 및 한국 문화 체험 기회의 감소 등을 그 이유로 꼽을 수 있을 것이다. 보통 교육과정을 설계할 때 '기숙사'를 유학생들의 '복지 혜택'으로 생각하고, 유학생들을 무조건 '기숙사'에 거주하게 하는 경우가 많다. 이는 오히려 기숙사에 거주하는 유학생의 경우, 교육과정과 관련된 다양한 항목에서 '불만족하다'는 답변으로 이어지는 결과를 낳았다. 한국 학생과 함께 생활하면서 학교 밖(주변)에서 생활하도록 하는 새로운 유형의 거주 프로그램을 개발할 필요가 있다.

바. 한국어 능력[12]에 따른 변인들의 차이 검증

한국어 능력에 따른 유학생들의 교육만족도, 문화적응, 대학생
활 적응, 대학이미지 등에 유의미한 차이가 있는 것으로 나타났다.

〈표 4-16〉 한국어 능력에 따른 변인들의 차이 검증

	한국어 능력	N	M	SD	F
교육만족도	못 한다	9	1.50	0.00	729.869***
	보통	320	1.78	0.25	
	잘 한다	139	3.74	0.86	
	합계	468	2.36	1.04	
문화적응	못 한다	9	1.18	0.22	333.329***
	보통	320	3.31	0.68	
	잘 한다	139	4.64	0.28	
	합계	468	3.66	0.91	
대학생활 적응	못 한다	9	1.01	0.03	514.184***
	보통	320	2.17	0.52	
	잘 한다	139	3.74	0.48	
	합계	468	2.62	0.90	
대학이미지	못 한다	9	1.02	0.03	524.551***
	보통	320	2.24	0.60	
	잘 한다	139	4.05	0.52	
	합계	468	2.75	1.03	

***$p < .001$

---

12) 한국어능력은 기존의 코딩을 새로운 코딩으로 변경하였다. 한국어를 전혀 못 한
다→'못 한다', 간단한 인사말을 할 수 있다와 조금 읽고 말할 수 있다→'보통', 라
디오나 TV 내용을 이해한다와 자유롭게 읽고 말한다→'잘 한다'로 변경하였다.

한국어를 잘할수록 교육만족도, 문화적응, 대학생활적응, 대학이미지 등의 모든 항목에서 높은 수치가 나왔다. 학위과정 유학생의 '학업 적응'에서 가장 중요한 변인이 바로 '언어'임을 확인할 수 있는 중요한 결과이다.[13]

사. 유학생 대학 만족도에 대한 상관관계 분석

유학생들의 대학생활 만족도 변인들 간 어떤 관계가 있는지 알아보기 위해 교육만족도, 문화적응, 대학생활 적응, 대학이미지에 관한 상관을 분석하였다.

〈표 4-17〉 대학생활 만족도 변인 간 상관분석 결과

	(1)	(2)	(3)	(4)
교육만족도 (1)	1			
문화적응 (2)	.718**	1		
대학생활 적응(3)	.841**	.948**	1	
대학이미지 (4)	.848**	.950**	.995**	1

종합해 보자면, 대학생활 만족도 변인들 중에서 '대학이미지'와 '대학생활 적응'이 가장 높은 상관관계를 보였고, 그 다음으로 '대학이미지'와 '문화적응' 그리고 '대학생활 적응'과 '문화적응'도 매

---

13) 김경훤("외국인 유학생을 위한 한국어 집중학습 과정 - 성균관대학교 사례를 중심으로", 교양교육연구 8-6, 한국교양교육학회, 2014, 173-174쪽.)은 언어 문제가 학업 부적응 발생의 가장 주요한 요인임을 제시했다.

우 높은 상관관계를 보였다.

이는 필자가 설정한 각 변인들이 학위과정 유학생들의 만족도와 요구분석을 밝히기에 적합함을 방증하는 것으로 뒤에서 이 분석자료를 근거로 학위과정 유학생들을 위한 특성화 교육과정 모형을 설계하는 것에 정당성을 부여한다.

제5장

대학 특성화 교육과정 설계 모형 구안

제1절
대학 특성화 교육과정 목적과 목표 설정

1. 목적 설정의 기준

본고에서는 지금까지 크게 다섯 단계의 과정으로 진행되었다.

첫 번째 단계는 필자가 집중하고자 하는 '학위과정 유학생'의 특징과 겪는 학업 부적응의 원인을 밝히는 것이었다. 문헌연구를 통해서 학위과정 유학생들이 '한국어의 미숙', '목표어 화자와의 관계 형성의 어려움', '제공되는 교육과정에 대한 낮은 만족도' 등이 가장 주요한 원인임을 밝혔다.

두 번째 단계는 이와 같은 문제를 해결하기에 앞서 현재 대학에서 운영 중인 유학생을 위한 교육과정을 비판적으로 분석했다. 유학생들만을 위해 제공되는 교양과정과 각 대학의 유학생을 위한 교육과정을 비판적으로 돌아보고 앞서 제시한 학업 부적응 원인을 해결하기에는 한계가 있음을 밝혔다.

세 번째 단계는 최초 교육과정을 설계할 때부터 '학위과정 유학생'을 염두하고 교육과정이 설계될 필요가 있다고 전제하고 '교육과정 설계 모형'을 통시적으로 분석하면서 본고에 부합하는 교육과정 설계 모형을 결정했다. '이해'를 교육목표로 '거꾸로' 설계되는 '이해 중심 교육과정 설계'가 학위과정 유학생들이 겪는 여러 문제들을 해소해 줄 수 있다고 전제하고 이 교육과정 설계 모형에 대한 특징을 제시했다.

네 번째 단계는 '이해 중심 교육과정 설계 모형'을 기본 축으로 추가되거나 고려되어야 할 교육과정 설계 원리가 무엇인지 여섯 가지 원리를 제안하고 이에 대한 설명을 제시했다.

다섯 번째 단계는 네 번째 단계에서 제시한 여섯 가지 원리 중에서 '학습자의 요구 및 특성'에 해당하는 내용을 교육과정 설계에 반영하기 위해서 실제 '설문 조사'를 진행한 내용을 제시했다. 특히 '학위과정 유학생의 교육과정 요구 분석'의 경우에는 학습자 변인을 고려해서 보다 더 심도 있는 분석을 진행했다. 그리고 전체 설문조사에 대한 타당도와 신뢰도를 통계로 처리하여 제시하였고 각 학습자변 유의미성도 함께 판단하였다.

마지막으로 5장에서는 다섯 번째 단계를 거치면서 종합된 내용을 바탕으로 교육과정 설계 모형을 구안하려고 한다. 먼저 본격적으로 교육과정 설계 모형을 구안하기에 앞서 교육과정 설계에 '시작'에 해당하는 교육과정 목적에 대한 논의를 하려고 한다.

아래 그림은 앞서 제시했던 '이해 중심 교육과정 설계 모형' 중에

서 '교육목적'과 관련된 부분을 본 논의에 맞게 수정 및 보완한 것
이다. 본래는 '국가', '지역', '교육청', '학교수준'을 고려하여 '교육
목적'을 정하게 되어있었지만, 본고에서는 '국가', '각급학교', '개별
학교'로 수정하였다. 이는 학위과정 유학생들과 '지역', '교육청' 등
이 주창하는 교육 목적을 따를 이유가 없기 때문에 본고에서 설정
하고 있는 학습자군에 집중하기 위함임을 밝힌다.

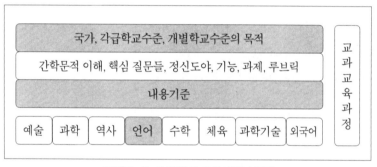

〈그림 5-1〉 이해 중심 교육과정의 목적

출처: Wiggins, G & McTighe, 「Understanding by Design」, 2nd Ed, Alexandria, Virginia:
Association for Supervision and Curriculum Development, 2005, 205쪽.

이해 중심 교육과정의 '목적'은 '국가', '지역', '교육청', '학교수
준'의 목적에 따라서 구성된다. 이 목적을 기반으로 학습자에게 요
구되는 '핵심적인 질문'을 도출하고 이를 바탕으로 교수자가 교과
교육과정별 내용기준을 마련한다.[1] 우리나라의 '국가수준 교육목

---

1) 이때 핵심적인 질문을 구성하는 아이디어, 주제를 선정하는 준거는 다음과 같
다. 첫째, 사실과 기능을 초월한 보편적 가치를 가졌는가? 둘째, 학문의 중심부
에 있는 핵심적인 통찰력을 담고 있는가? 셋째, 누구나 오류에 빠지기 쉬운 내
용인가? 넷째, 학습자들을 몰입시킬 수 있는 잠재성을 가졌는가?(Wiggins, G &

적'은 '교육기본법' 제2조에 명시되어 있는데, '교육은 홍익인간의 이념 아래 모든 국민으로 하여금 인격을 도야하고 자주적 생활능력과 민주시민으로서 필요한 자질을 갖추게 하여, 인간다운 삶을 영위하게 하고 민주국가의 발전과 인류공영의 이상을 실현하는데 이바지하게 함을 목적으로 한다.'가 그것이다.

이를 바탕으로 학교 수준의 교육과정이 구성되는데, 이는 교육현장의 개별 학교가 아니라 각급학교를 의미한다. 이를 정리하여 제시해보면 다음과 같다.

〈표 5-1〉 각급학교별 교육목적

학교	교육목적
기술대학	'고등교육법' 제55조-기술대학은 산업체 근로자가 산업현장에서 전문적인 지식ㆍ기능의 연구ㆍ연마를 위한 교육을 계속하여 받을 수 있도록 함으로써 이론과 실무능력을 고루 갖춘 전문인력을 양성함을 목적으로 한다.
전문대학	'고등교육법' 제47조–전문대학은 사회 각 분야에 관한 전문적인 지식과 이론을 교수ㆍ연구하고 재능을 연마하며 국가사회의 발전에 필요한 전문직업인을 양성함을 목적으로 한다.
방송ㆍ통신대학	'고등교육법' 제52조–방송ㆍ통신대학은 국민에게 정보ㆍ통신매체를 통한 원격교육으로 고등교육을 받을 기회를 부여하여 국가와 사회가 필요로 하는 인재를 양성함과 동시에, 열린 학습사회를 구현함으로써 평생교육의 발전에 이바지함을 목적으로 한다.

McTighe, 「Understanding by Design」, 2nd Ed, Alexandria, Virginia: Association for Supervision and Curriculum Development, 2005. ; 김선주, "초등교사의 '이해' 중심 사회과 수업 설계에 관한 인식 연구", 이화여자대학교 대학원 석사학위논문, 2010, 26쪽에서 재인용.)

| 산업대학 | '고등교육법' 제37조 – 산업대학은 산업사회에서 필요로 하는 학술 또는 전문적인 지식 · 기술의 연구와 연마를 위한 교육을 계속하여 받고자 하는 자에게 고등교육의 기회를 제공하여 국가와 사회의 발전에 기여할 산업인력을 양성함을 목적으로 한다. |
| 대학 | '고등교육법' 제28조 – 대학은 인격을 도야하고 국가와 인류사회의 발전에 필요한 학술의 심오한 이론과 그 응용방법을 교수 · 연마하며, 국가와 인류사회에 공헌함을 목적으로 한다. |

출처: 오만록, 「교육과정론」, 서울: 동문사, 2010, 276쪽.

위의 〈표5-1〉을 보면, 기술대학은 '전문적인 지식 · 기능의 연구 · 연마'를 통한 이론과 실무능력을 갖추는 것이 교육의 목적이고 전문대학은 '전문적인 지식 연마'를 통한 전문직업인 양성이 교육의 목적이다. 방송 · 통신대학은 정보 · 통신매체를 통해서 고등교육을 제공하고 평생교육의 발전에 공헌하기 위함이고 산업대학은 산업사회에서 요구하는 지식을 통해 높은 수준의 산업인력을 양성하기 위함이다. 본고의 중심이 되는 '대학'은 '인격도야', '학술적 이론 연구', '응용방법 교수 · 연마', '국가와 인류사회에 공헌함'이 교육의 목적이다.

이를 종합해보면, 학위과정 유학생들의 경우, 역시 '인격도야', '학술적 이론 연구', '응용방법 교수 · 연마', '국가와 인류사회에 공헌'할 수 있는 방향으로 교육목표와 교육과정이 설계되어야 한다. 다만 본고에서는 앞서 3장에서 밝혔듯이, 교육과정에 대학교의 전통과 역사 혹은 인재상을 반영해야 한다는 입장을 갖고 있다. 그러므로 국가수준 그리고 급별학교 수준의 교육목적에 따라서 개별 대학

교의 교육목적이 고려될 때 대학교의 전통과 역사 혹은 인재상 등
을 반영할 필요가 있다.

2. 목적에 따른 목표 설정

여기서는 앞서 2장에서 분석했던 분리형, 통합형, 거주형을 대표
하는 개별학교(대학교)의 교육목적이 무엇인지 살펴볼 필요가 있
다.[2] 그리고 그러한 교육목적에 따라 교육목표를 어떻게 구성하는
지도 살펴봐야 한다. 이러한 과정을 거친 후에 본고에서 주장하는
'특성화 교육과정의 목적과 목표'를 밝힐 수 있을 것이다. 우선 대
학교가 추진하는 '교육목적'과 '교육목표'를 제시하고 이어서 교양
과정의 '교육목적'을 제시하고자 한다.

〈표 5-2〉 동국대학교 교육목적과 교육목표

	내용
교육목적	본교는 건학이념에 따라 학술의 이론과 응용방법을 연구·교수하여 불교를 비롯한 한국문화의 세계화에 노력하며 민족과 인류 사회의 이상 실현에 기여할 지도적 인재의 양성을 목적으로 한다.
교육목표	• 도덕적 지도자(Ethical Leader) • 창조적 지식인(Creative Thinker) • 진취적 도전자(Young Challenger)

출처: 동국대학교, "2017학년도 교과과정", 2017.

---

2) 가장 흔한 유형인 분리형은 '동국대학교', 통합형은 '성균관대학교', 거주형은 '연세

동국대학교는 '불교'라는 학교의 역사와 전통을 반영한 것이 특징이다. 이를 토대로 '인류 사회'에 이바지하는 전문 인력이 되는 것이 교육목적인데 이를 위해서 '도덕적 지도자', '창조적 지식인', '진취적 도전자'라는 교육목표를 구성하고 교육과정을 설계했다.

〈표 5-3〉 동국대학교 교양과정 교육목적과 교육목표

	내용
교육 목적	인류의 지적, 예술적 유산에 대한 광범위하고 균형 잡힌 이해를 바탕으로 학생이 속한 자연 및 문화의 세계를 깨닫게 하고 아울러 학생 각자가 자신을 반성하고 자주적으로 사고하는 능력을 함양하여 자유롭고 관용적이며 창의적인 인간으로 성장하도록 돕는다.
교육 목표	• 대학에서의 학업 수행에 일반적으로 필요한 지적능력과 수행 기술 배양 • 인간과 자연에 대한 특정 전공의 범위를 넘어선 풍부한 지식 함양 • 21세기 세계시민적 덕성 체득에 유용한 어학적, 문화적 소양 육성 • 스스로 문제를 발견하고 해결하는 자주적인 학습 습관 배양 • 본 대학의 특성을 살린 지도자적 자질과 자기규율 능력 개발

출처: 동국대학교, "2017학년도 교과과정", 2017, 21쪽.

동국대학교 교양과정의 교육목적은 동국대학교 교육목표 '도덕적 지도자', '창조적 지식인', '진취적 도전자'가 잘 반영되어 구성되었음을 알 수 있다. 그리고 이를 바탕으로 '기술 배양', '지식 함양', '어학적, 문화적 소양 육성', '학습 습관 배양', '자기규율 능력 개발' 등 보다 구체적이고 세부적으로 교육목표를 설정했다.

물론 이와 같은 교육목표가 학위과정 유학생들에게는 어떤 방법

대학교'를 제시하도록 하겠다.

으로 제공되는 지에 대한 내용은 없다. 이는 앞서 살펴보았듯이 학위과정 유학생들이 본인들이 소속된 대학교의 전통과 역사에 무관심한 것과 무관해 보이지 않는다.

〈표 5-4〉 성균관대학교 교육목적과 교육목표

	내용
교육목적	국가와 인류사회에 기여하는 지도적 인재 양성
교육목표	• 인의예지(仁義禮智)의 품성과 신언서판(身言書判)의 능력을 갖춘 교양인 • 창의적 사고와 도전정신으로 디지털 시대의 신가치를 창출하는 전문가 • 인류사회에 공헌할 수 있는 글로벌 역량을 갖춘 리더

출처: 성균관대학교 학부대학, "21세기 교양교육의 새지평", 성균관대학교, 5쪽.

성균관대학교의 교육목적은 국가와 인류에 공헌할 수 있는 리더십 있는 인재 양성이다. 그에 따른 교육목표를 '교양인', '지식인', '글로벌 역량을 갖춘 리더' 양성에 초점을 둔 게 특징이다. 앞서 설명한 동국대학교와 유사하게 '인의예지(仁義禮智)의 품성과 신언서판(身言書判)의 능력'처럼 '유교'에 근거한 세부내용이 특징이다.

다만 교육목표의 경우, 단순히 목표로 하는 인재상만을 제시한 동국대학교보다 좀 더 철학적 혹은 이론적인 근거를 갖춰서 제시했다는 특징이 있다.

〈표 5-5〉 성균관대학교 교양과정 교육목적과 교육목표

	내용
교육목적	자기 수양의 기반 위에 공동체에 공헌할 수 있는 성숙한 인격 형성을 목표로 하는 인성교육, 인간과 세계에 대한 이해를 깊이하며 지식정보사회에서 필요한 문제해결능력을 배양하는 교양교육, 그리고 전공학업의 기초가 되는 기초교육으로 구성된다.
교육목표	• 합리성, 책임성, 도덕성을 겸비한 인성을 함양한다. • 비판적 사고에 기초한 의사소통 능력을 기른다. • 지도적 자질의 필수 요건인 공동체 정신을 함양한다. • 종합적이고 창의적인 판단 능력을 기른다. • 글로벌 환경과 다원주의 사회문화 현실에 능동적으로 대처할 수 있는 능력과 자질을 함양한다. • 다양한 학문적 요소를 포함하는 학제적 지식을 습득한다. • 전문분야에서 지적 수월성을 갖고 활동할 수 있는 전문지식을 얻는데 반드시 필요한 그 분야의 광범한 기초지식과 기초학업 능력을 기른다.

출처: 성균관대학교 학부대학 , "21세기 교양교육의 새지평", 성균관대학교, 17쪽.

성균관대학교 교양과정은 '학부대학'이라고 하는 별도의 단과대학에서 통합적으로 운영된다. 이는 다양한 단과대학교에서 과목별·영역별로 진행되는 동국대학교와는 다른 부분이다. 성균관대학교의 교육목적은 '인성', '교양', '전공기초'를 함양하기 위함인데 교육목표를 보면 성균관대학교에서 강조하고 있는 교육목표에 의거해서 관련 내용을 세분화했다는 특징이 있다. 또한 동국대학교와 다르게 '종합적', '다양한'처럼 '통합·융합'을 연상시키는 단어를 명시하고 교육과정을 구성했다는 특징도 발견된다.

다만 성균관대학교도 동국대학교와 마찬가지로 '유학생'에 대한

언급은 찾을 수 없다. 보다 더 세분화된 내용이라서 제외되었을 수
도 있지만 유학생의 비중이 높아지고 현 추세를 고려해 보았을 때
아쉬운 대목이다.

〈표 5-6〉 연세대학교 교육목적과 교육목표

	내용
교육목적	연세대학교는 '너희가 내 말에 거하면 참 내 제자가 되고 진리를 알지니 진리가 너희를 자유케 하리라' 는 성경말씀(요한복음 8:31~32)을 바탕으로 진리와 자유의 정신을 체득한 지도자를 양성한다.
교육목표	• 연세인은 겨레와 인류의 문화유산을 이어받고 창의력과 비판력을 길러 학문의 발전을 이끌어간다. • 또한 정의감과 기백을 드높이고 열린 마음으로 이웃을 위해 봉사하며, 인류의 번영에 이바지한다. • 우리 연세인은 이러한 사명을 깊이 새겨 세계 속에 자랑스러운 연세 정신을 구현하기 위해 지도적 역량을 힘껏 발휘한다.

출처: 연세대학교 홈페이지(http://www.yonsei.ac.kr/sc/intro/vision.jsp)[3]

연세대학교는 동국대학교가 '불교', 성균관대학교가 '유교'에 바
탕을 두고 교육목적과 교육목표를 설정한 것처럼 '기독교'에 기반

---

3) 이 밖에 연세대학교는 3C라고 해서 기독교정신(Christianity), 창의성(Creativity), 연결성(Connectivity)를 연세대학교의 철학적 기초로 삼고 있다. 기독교 정신에는 섬김과 봉사의 문화, 공감과 나눔의 교육, 대학의 사회적 책임이 세부내용으로 들어가 있고 창의성에는 자기 혁신적 연구, 창의적 교육과 도전적 창업, 스스로 배우는 인재 양성이 세부 내용으로 들어가 있다. 마지막으로 연결성에는 Middle-up-down의 의사결정과 자율적 기관 운영, 융합 연구 네트워크, 동문 네트워크가 세부 내용으로 들어가 있다.(연세대학교 홈페이지(http://www.yonsei.ac.kr/sc/intro/vision.jsp)참조.)

을 두고 교육목적과 교육목표가 구성되었다.

〈표 5-7〉 연세대학교 교양과정 교육목적과 교육목표

	내용
교육목적	• 연세가 추구하는 바람직한 인재 양성의 토대 마련 • 글로벌 핵심 역량 함양의 장
교육목표	• RC 프로그램은 학습과 생활의 통합을 통해서 전인교육, 국제화 교육, 창의교육을 실현할 수 있는 명문형 교육 모델로 RC 프로그램은 글로벌 인재의 핵심 역량인 소통능력(Communication), 창의력(Creativity), 융·복합능력(Convergence), 문화적 다양성(Cultural Diversity), 크리스천 리더십(Christian Leadership)의 5C를 함양하는 데 목표를 두고 있음. • 대학생으로서 기본적으로 갖추어야 할 덕목을 가르침은 물론, 리더십과 사회봉사 정신을 갖춘 글로벌 인재로 육성하기 위한 교육을 실시함. • 배움의 장(場)인 교실에서의 전공학습을 생활의 장(場)인 기숙사 내의 다채로운 외국어, 문화, 예술, 스포츠 프로그램들과 접목시킴으로써 교육의 개념을 확장함. • 내/외국인으로 구성된 Residential Master, English Residential Fellow 등의 교수진과 함께 기숙사에 상주하며 다양한 사람들과 더불어 사는 다문화 환경을 구축함.
교육목표	• 자신의 행동에 대한 책임의식을 키울 수 있으며, 타인에 대해 배려할 줄 아는 주체적이고 민주적인 공동체를 형성함. • 연세대학교 1학년 학생들이 쾌적한 면학 환경에서 학문연구에 전념 하도록 함. • 사람에 대한 존중과 배려를 체득하고 함께 사는 세상을 만들어 가도록 함. • 자기주도 학습과 봉사를 통해 창의적인 인재가 되도록 함.

출처: 연세대학교 RC 홈페이지(https://yicrc.yonsei.ac.kr/default.asp?mid=m00)

먼저, 연세대학교 교양과정을 이해하기 위해서는 RC에 대한 이해가 필요하다. RC는 Residential College의 약자로서 학생들에게 단순한 거주공간인 Residence Hall을 생활체험 교육의 공간으로 전환하여 주간의 학습활동과 방과 후 공동체 활동을 융합한 통합형 교육체계를 말한다. 연세대학교는 이와 같은 과정을 통해서 창의적 역량을 갖춘 섬김의 리더를 양육하는 것을 목표로 하고 있다. 연세대학교 RC의 특징은 한국 학생들뿐만 아니라 교수진도 함께 거주한다는 것이다. 앞서 언급했지만 이 교수진들을 RM이라고 하고 이 RM들은 RC에 거주하는 학생들을 하우스별로 전담해서 교육과 관련된 모든 내용들을 관리 · 운영한다. 연세대학교 RC 역시 다양한 활동을 통해서 연세대학교가 추구하고자 하는 인재상, 기독교적 전통 등에 따른 교육목표를 이루도록 교육과정을 설계했다는 것이 특징이다. 다만 연세대학교 역시 '글로벌'을 강조하면서 유학생에 대한 언급이 없다. 이는 앞서 제시한 동국대학교와 성균관대학교와 같은 것으로 유학생 교육과정에 대한 특별한 고려가 미흡하다는 것으로 해석될 여지가 있다.

이를 종합해보면, 이 세 대학교의 교육목적은 국가수준 그리고 급별학교 수준의 교육목적에 근거해서 각 학교의 전통을 반영해서 구성되었다는 특징이 있다. 그리고 이것을 각 학교별 인재상과 글로벌 환경에서 요구되는 역량을 결합하여 창의적 인재를 키워내는 방향으로 구성된 모습이다. 이를 정리해 보면 다음과 같다.

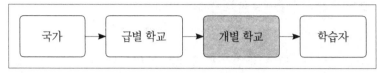

<그림 5-2> 교육과정의 목적에 따른 목표설정

일선 개별학교의 교육과정의 목적과 그 목표는 거시적으로는 위와 같은 요소들이 반영되어서 만들어질 필요가 있다. 우선 '국가 수준'의 교육과정을 바탕으로 교육과정과 그 목적이 설정되어야 하고 위계화에 의해 구획된 급별 학교에 따라서 교육과정과 그 목적이 선명해 져야한다. 그리고 학교별 특성화 단계는 앞서 언급한 국가, 급별 학교를 기반으로 학교에서 주창하는 내용을 기반으로 설정되어야 하고 마지막으로 '학습자' 개별성에 근거한 교육과정이 최종적으로 완성된다. 그렇지만 한국으로 유학을 온 유학생들은 기존의 '국가', '급별 학교' 등에서 고려된 적이 없는 새로운 학습자 군이다. 그러므로 개별학교 차원에서 '학위과정 유학생'을 위한 교육과정을 설계할 때는 '학습자 중심 교육'을 지향하면서 '학습자' 특성에 대한 고려가 보다 더 강하게 요구된다.[4] 학위과정 유학생의

---

4) 박성일 · 민용성은 학습자 중심 교육이 "소외된 학습자를 배려하고 도와주는 것으로 이해되어야 할 것이다."라고 주장했는데 한국에서 제공하는 교육에 불만족하면서 복지와 관련된 혜택도 받지 못한다고 인식하고 있는 학위과정 유학생들은 그런 의미에서 소외된 학습자이다.(박성일 · 민용성, "후기 구조주의와 도가(道家)사상의 교육적 함의: 학습자 중심 교육에 대한 성찰", 학습자중심교과교육연구 16-10, 학습자중심교과교육학회, 875쪽.) 그러므로 본 연구는 '소외된 학습자'인 학위과정 유학생들의 학업 적응을 돕기 위한 교육과정 설계 모형을 설계 할 때 '학습자 중심 교육'을 지향해야 한다.

학습자 특징을 종합해보면 다음과 같다.

첫째, 학위과정 유학생들은 졸업 후 계획을 주로 '취업'과 '진학'이라고 대답했지만 정작 한국에 유학을 온 이유는 '한국의 문화'를 알고 싶어서라고 했다.

둘째, 이는 한국 대학의 교육과정이 학위과정 유학생들 입장에서 '취업'과 '진학'에 부합하는 방향으로 설계되지 않았기 때문으로 실제 '만족도'와 관련된 부분에서 대부분의 학위과정 유학생들은 부정적인 답변을 했다.

셋째, 학위과정 유학생들은 학업성취도 측면에서 좋지 않은 모습을 보였고 본인이 학업에 잘 적응한 것 같으냐는 물음에도 부정적인 답변을 많이 했다. 그리고 이는 학습자 개인이 '노력'과 '시간'의 투자를 통해서 회복할 수 있는 것이 아니라는 인식을 드러냈다.

넷째, 학위과정 유학생들은 장학금이 부족하고 등록금은 비싸다고 생각하고 있었고 유학생들을 위한 복지도 턱없이 부족하다고 생각하고 있었다.

다섯째, 학업의 어려움을 관계를 통해 해소하고 싶지만 목표어를 모국어로 사용하는 한국 학생뿐만 아니라 교수진과도 관계 형성의 어려움을 나타내고 있었다. 그래서 이와 같은 관계 형성에 도움이 되는 프로그램의 필요성을 느끼고 있음을 발견할 수 있었다.

여섯째, 학위과정 유학생은 본인이 다니고 있는 대학의 역사나 전통에 대해서는 전혀 몰랐고 그래서 학교에 대한 자부심도 높지 않았다.

일곱째, 요구하는 교육 프로그램의 경우 '한국어 의사소통'과 관련된 강의에 가장 큰 수요를 보였고, 그 중에서도 '쓰기와 읽기'를 가장 원했다. 역사에서는 '한국과 주변국 역사', 정치와 경제는 '한국의 국제관계'를 알고 싶어 했고, 문화예술에서는 '한국의 노래'를 알고 싶어 했다. [5]

여덟째, 학위과정 유학생들은 수업 난이도가 비현실적이라고 생각하고 있었고, 한국인과의 소통할 수 있는 프로그램을 원하고 있었으며, 유학생활에 필요한 사항을 묻는 질문도 '장학금'과 '한국인과의 교류'를 꼽았다.

---

5) 특히 본고에서는 학습자의 특성(변인)을 '국가', '연령', '성별'로 높고 양적연구를 진행했는데, 각 변인별로 요구하는 강의가 모두 다르게 나타났다.

제2절
대학 특성화 교육과정 설계 모형

1. 설계 모형 구안의 기본 구조

앞서 언급했듯이, 학위과정 유학생 학업 적응을 위한 특성화 교육과정 설계 모형을 구안할 때 Wiggins와 McTighe의 모형을 반영하여 구안하겠다고 밝혔다.[6] Wiggins와 McTighe의 모형의 가장 큰 특징은 '바라는 결과'를 바탕으로 '핵심 질문'이 만들어 탄력적으로 운영된다는 것이다. 즉, 국가 수준의 교육과정 목적, 목표를 통해 빅 아이디어를 만들고 이를 가지고 핵심 질문을 하면서 수업을 교가가 직접 만들어 가는 것이다. 또한 학습자의 이해 정도를 파악하

---

6) Wiggins, G & McTighe, 「Understanding by Design」, 2nd Ed, Alexandria, Virginia: Association for Supervision and Curriculum Development, 2005, 205쪽.

여 실제 수업의 목표를 정하게 되는데 이는 전통적인 교육과정과 반대로 운영되는 것이기 때문에 '백워드 설계'라는 용어로 불린다고 설명했다.

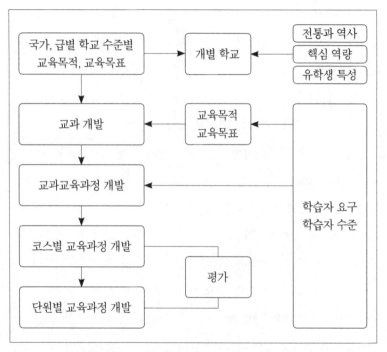

〈그림 5-3〉 특성화 교육과정 설계의 기본 구조

특성화 교육과정은 기본적으로 위와 같은 구조를 취한다. 개별 학교, 즉 대학교는 자신들의 역사와 전통, 그리고 글로벌 사회에서 요구되는 역량, 학습자들의 특성 등을 고려해서 교육과정의 목표와 교육과정의 목적을 도출해야 한다. 이때 국가 수준 그리고 급별

학교 수준의 교육목적과 목표를 반영해야 함을 물론이다. 이렇게 도출된 교육목적과 목표는 학습자의 수준과 학습자의 요구사항과 국가 수준 그리고 급별 학교 수준의 교육과정에 따라 교과를 개발하게 된다. 그리고 이 교과는 '코스별', '단원별'로 교육과정이 개발되는데, 이때 '이해중심 교육과정'에 의해서 '백워드 수업'으로 설계된다. 그래서 학습자들을 대상으로 '평가'가 진행되고 이를 통해 완전한 '이해'로 학습자들이 나갈 수 있도록 학습 목표가 계속 수정된다. 그리고 이것은 학습자의 요구사항과 현재 운영 중인 교육과정이 조응하지 못할 시를 대비해서 '순환'하도록 구성된다.

이 장의 마지막에서 최종 교육과정 설계 모형을 제시하겠지만, 교육목표와 교육목적의 경우 유학생들의 '취직'과 '진학'에 부합하는 방향으로 설계가 되고 여기에 유학생들이 본인이 소속된 대학교에 자부심을 갖도록 '전통과 역사'를 반영할 계획이다. 그리고 교과목은 유학생들이 원했던 '한국어 쓰기와 읽기', '한국과 주변국의 역사', '한국의 국제관계', '한국의 노래' 등으로 구성이 될 것이고, 이와 함께 한국의 학생들 그리고 교수진과 함께 체험할 수 있는 프로그램도 추가될 것이다. 다만 위와 같은 과목을 단순히 넣는 것보다는 다양한 변인을 고려해서 학습자 중심에 부합하는 방향으로 넣을 필요가 있다.

필자는 학습자간 변인을 고려하여 희망하는 과목을 알아보기 위해서 '연령', '성별', '국가'별로 통계분석을 실시했다.

〈표 5-8〉 학습자 변인별 희망 수강 과목

구분		한국어	역사	정치·경제	문화예술
성별	남자	듣기와 말하기	기초역사지식	한국의 정치사	한국의 문화예술
	여자	읽기와 쓰기	한국 주변국의 역사	한국의 국제관계	한국의 음악
국적	중국	읽기와 쓰기	한국 주변국의 역사	한국의 국제관계	한국의 음악
	몽골	한국어 문법	한국 주변국의 역사	한국의 국제관계	한국의 미용
	대만	읽기와 쓰기	한국 주변국의 역사	한국의 국제관계	한국의 미용
	베트남	읽기와 쓰기	한국 주변국의 역사	한국의 국제관계	한국의 미용
연령	- 20	듣기와 말하기	기초역사지식	한국의 정치사	한국의 음악
	20-22	읽기와 쓰기	한국 주변국의 역사	한국의 국제관계	한국의 음악
	23-25	한국 문학	한국 주변국의 역사	한국의 국제관계	한국의 미용
	26-29	읽기와 쓰기	역사문화재 탐방	한국의 국제관계	한국의 미용
	30 -	기타 강의	기타 강의	한국의 국제관계	기타 강의

위의 〈표 5-8〉을 살펴보면, 전반적으로는 '읽기와 쓰기', '한국 주변국의 역사', '한국의 국제관계', '한국의 음악'이 희망 강의로 선택되었지만, 그 밖에 강의들도 다수 보인다. 예를 들면, 어느 대학의 학습자가 주로 남자이고 몽골 출신 학생들이 많으며 주로 20세

전후의 학생들이라면 교육과정의 과목은 완전히 달라진다. 즉 한국어의 경우에는 '듣기와 말하기'와 '한국어 문법'에 주안점을 둔 강의가 진행되어야 하고, 역사의 경우에는 '기초역사지식'이라는 과목이 편성되어야 하며, 정치 · 경제의 경우에는 '한국의 정치사', 문화예술은 '한국의 문화예술'과 '한국의 미용'이 편성될 경우 유학생들로 하여금 높은 교육 만족도를 보장 받을 수 있을 것이다.

　보통 한국어의 경우 '쓰기'를 어려워하기 때문에 이에 대한 교과목 편성이 마치 의무인 것처럼 받아들여지는 경향이 있지만, 실제로 학습자들이 요구하는 과목은 다른 경우도 있다. 이 경우에는 학습자들이 원하는 강의와 학습자들에게 요구되는 강의를 각각 분리해서 편성하면 좋을 것으로 보인다. 그러므로 교과교육과정 이하에서는 학습자들의 출신 국가나 문화권 등을 고려하여 수업 내용을 '이해' 중심으로 재편성할 것이고 때에 따라서는 한국 학생들과 분리 · 통합 수행을 탄력적으로 진행할 것이다. 또한 기본 구조에는 반영되지 못했지만 '장학금', '등록금' 등과 관련된 유학생 복지 관련 내용을 추가하고 '난이도 조절' 등을 위해서 학습자 대상으로 '평가'를 꾸준하게 진행할 것이다.

2. 기초교양 교육과정과의 연계

　앞서 2장에서 살펴 본 바와 같이 기초교양 교육과정에서 외국인들을 대상으로 진행되는 강의는 많지 않았다.

〈표 5-9〉 대학 교양과정 유학생을 위한 강의 현황

구분	교양영역
동국대	'한국사회와 문화', '자기주도 학습으로 가는 유학생 학습전략', '한국사회의 이슈', '한국의 역사와 전통', '한국대중문화 이해'
성균관대	'한국문화의 이해', '한국역사의 이해', '한국생활의 안내 및 진로지도 1'
연세대	'외국인 학생을 위한 한국문화의 이해'

출처: 동국대학교 Udreams 수강신청프로그램, 유백열, "외국인 유학생을 위한 기초교양
과목 개설 방안 연구", 한양대학교 대학원 석사학위논문, 2014, 22-23쪽.

위의 〈표 5-9〉는 '한국어'를 제외하고 운영되고 있는 유학생을
위한 전용 강의인데, 본고의 설문 조사를 통해 드러난 학위과정 유
학생들의 요구와는 거리가 있음을 알 수 있다. 유학생들은 역사 분
야에서는 '한국과 주변국 역사', 정치와 경제 분야에서는 '한국의
국제관계'를 알고 싶어 했다. 이는 단순히 한국의 역사, 정치, 경제
를 알고 싶은 것으로 볼 수도 있지만, '상호문화적인 관점'에서 유
학생의 모국과 한국 사이의 '역사', '정치', '경제'와 관련된 내용들
을 공부하고 싶어 하는 것으로 판단된다. 그렇지만 현재 운영되고
있는 교과목들은 철저하게 '한국'에 초점을 두고 있음을 확인할 수
있다.

또한 유학생들을 위한 '취업', '진학'과 관련된 과목이 필요하다.
성균관대는 '한국생활의 안내 및 진로지도 1', 동국대학교는 '자기
주도학습으로 가는 유학생 학습전략'과 같은 과목이 있지만 사실
상 학위과정 내에서의 '학습'과 '안내'의 성격을 갖는 과목이지, 졸
업 후에 학위과정 유학생의 취직과 진학을 알려주는 과목은 아니

다. 유학생들은 한국 친구들과 교수진들과의 관계 형성을 원하고 있었는데, '멘토링'과 같은 성격의 과목을 설정해서 취직한 한국인 '졸업생'이나 같은 국가의 '졸업생'과 함께 현재 한국의 사회에 대해 토의하고 진로에 대해서 상담을 진행하는 강의나 전공과목뿐만 아니라, 다양한 전공의 교수진 그리고 다양한 국적의 직원을 두고 경영을 하고 있는 현장 CEO들을 초청해서 취업과 인재상 등과 관련된 강의를 듣는 것도 좋을 것이다.

이와 같은 강의가 중요한 이유는 졸업한 선배들과의 만남은 재학생으로 하여금 학교에 대한 자부심, 역사와 전통에 대한 이해 등을 촉진시킬 수 있기 때문이다. 유학생들이 한국에 와서도 같은 모국 출신의 학생들과 어울리기 때문에 학교에 대한 자부심이 낮았을 것으로 판단된다. 이 문제를 해결하는 측면에서도 진로 탐색과 학교의 전통 등에 대해서 동시에 듣고 느낄 수 있는 강의가 개설된다면 학위과정 유학생들의 대학에 대한 만족도를 높일 수 있을 것으로 기대된다.

위의 내용을 종합해보자면, 유학생들만 전용으로 들을 수 있는 강의의 경우에는 '비교문화적인 관점'을 통해서 정치, 사회, 경제, 문화를 조망할 수 있는 교과목, 취업과 진학에 대한 고민을 해결해줄 수 있는 교과목, 한국인 친구와 대학의 교수진들과 접촉할 수 있게 만드는 교과목 등이 고려되어 편성될 필요가 있을 것이다. 이러한 강의들은 현재 운영되고 있는 강의가 아니기 때문에 기존의 강의들과 '충돌'할 염려가 없다.

〈표 5-10〉 대학 교양과정 유학생을 위한 한국어 강의 현황

구분	교양영역
동국대	[공통] 한국어 독해와 작문 1, 2
성균관대	[공통] 창의적 글쓰기 발표와 토론1, 2 의사소통1, 2, 3, 4 한국어 매체 읽기 한국어 문서 작성 사고와 표현 창의와 사유의 기초
연세대	[공통] 기초한국어글쓰기 글쓰기

출처: 동국대학교 Udreams 수강신청프로그램, 이유경 외, "외국인 학부생 대상 대학 글쓰기 과목의 교재 개발을 위한 기초 연구", 한국어교육 27-4, 국제한국어교육학회, 2016, 162쪽.

한국어 강의의 경우에는 '쓰기'와 '읽기'에 대한 요구가 많았다. 실제로 위의 〈표 5-10〉을 보면, 교양강의로 들을 수 있는 한국어 강의는 거의 대부분이 '쓰기'와 '읽기'에 치중되어 있다. 다만 동국대는 쓰기보다 좁은 의미의 '작문'이라는 용어를 쓰고 있고 읽기도 '독해'라는 용어로 쓰이고 있다. 보다 실질적인 과제 환경에서 읽고 쓰는 연습이 가능한 한국어 강의가 개설될 필요가 있다. 연세대는 '쓰기' 강의는 있지만 읽기 강의는 없고 읽고 쓰는 '총체적 언어활동'을 할 수 있는 강의도 없다. 반면에 성균관대학교는 '창의적 글쓰기 발표와 토론', '의사소통', '한국어 매체 읽기', '한국어 문서 작성 사고와 표현', '창의와 사유의 기초' 등 다양한 한국어 강의가 개설되어 있다. 성균관대학교에서 운영하는 강의처럼 보다 실질적으로 대학교의 과제 환경에 부합하는 '한국어로 읽고 쓰는 강의'가 필요할 것으로 보인다.

이를 종합해보면, 필자가 고안한 '외국인 유학생 학업 적응을 위한 대학 특성화 교육과정 설계 모형'은 현재 대학별로 운영 중인 교양과정과 충돌하지 않는 선에서 탄력적인 운영이 가능해야 한다. 본고에서 진행한 설문 조사의 학위과정 유학생 요구를 반영해서 교과목을 재편성하고 새로운 교과목을 추가한다면 유학생들에게 높은 수준의 교육내용을 제공해 줄 수 있을 것이다.

3. 대학 특성화 교육과정 모형

우선 대학 특성화 교육과정의 설계 원리를 밝혀 보겠다.

첫째, 학위과정 유학생은 언어, 관계, 교육의 질 이렇게 세 가지 측면에서 학업 적응의 어려움을 보였고 이 세 가지 요소를 해결하는 방향으로 교육과정을 설계하고 대학의 전통과 강점 등을 기반으로 학위과정 유학생의 진로와 취업까지 관리해주는 요소를 본고의 '특성화'로 정의하였다.

둘째, 'Tyler의 모형', 'Hunkins의 모형', 'Skilbeck의 모형', 'Oliva의 모형', 'Wiggins와 McTighe'의 모형 등 교육과정 설계의 주요한 모형들의 장·단점들을 전체 개괄하면서 본고에서 학습자군으로 설정한 '학위과정 유학생' 그리고 앞에서 설명한 '특성화'를 실현하는데 'Wiggins와 McTighe'의 '백워드 설계' 모형이 가장 적합하다는 결론을 내렸다. 이 모형은 개별학교에서 각 학교의 특성 – 학습자 유형, 대학교의 전통, 대학교의 인재상 등 – 에 따라서 탄력적으로 운영될 수 있다는 장점이 있고 무엇보다 한국 대학교에서 제공하는 수업을 어렵다고 생각하는 학위과정 유학생들에게 선 평가를 통한 적절한 '위계화'가 가능하다는 점에서 가장 타당하다.

셋째, 교육과정의 내용 설계 원리에는 '학습자 요구와 특성', '지식의 구조성', '학제적 연계성', '대학의 전통성', '내용과 학습자 간의 상호작용성', '평가의 진정성' 등을 반영하여 교육과정 설계해야 한다. 특히 대학의 정통성에서는 동국대학교, 성균관대학교, 연세대학교의 예와 같이 종교를 포함해서 글로벌 시대에 부합하는 '인재상' 등을 학위과정 유학생들이 인지하고 학위과정 공부를 지속할 수 있도록 하는 교육과정의 설계가 요구된다.

넷째, 학위과정 유학생들을 대상으로 만족도와 요구 분석을 진행했는데, 전체적으로 만족도는 낮은 편으로 나타났고 앞서 분석한 선행 연구와 마찬가지로 '언어', '관계', '맞춤형 교육과정' 이외에 '장학금', '복지' 등에 대한 요구도 확인할 수 있었다. 특히 '국가별', '성별', '연령', '한국어 능력별' 등에 따라서 학위과정 유학생들의 요구사항이 상이하게 나타나는 것으로 드러나서 이와 관련된 요소들을 교육과정을 설계할 때 세분화하여 반영할 필요가 있다. 이렇듯 지금까지 논의된 것들을 토대로 교육과정 모형을 고안해보면 다음과 같다.

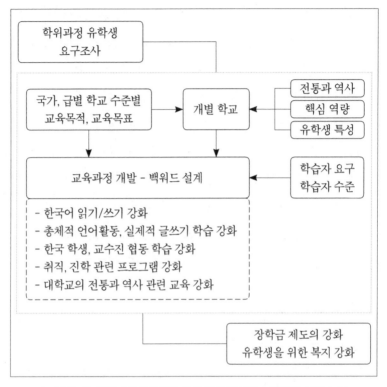

〈그림 5-4〉 학위과정 유학생을 위한 대학 특성화 교육과정 설계 모형

　학위과정 유학생 특성화 교육과정에서 말하는 '특성화'란 '학습자 중심 교육'을 지향하는 것과 이를 통해 개발된 '맞춤형 교육과정' 그리고 이를 소화하는 대학의 '전통과 역사'를 가리킨다.

　위의 교육과정 설계 모형은 앞 절에서 설명한 바와 같이 기존에 존재하는 교양 교육과정과도 함께 적용이 가능할 정도로 탄력적 운영이 가능하다고 판단된다.

　본 교육과정 설계의 시작은 결국 '학위과정 유학생'의 요구조사이다. 그렇지만 국가수준 그리고 급별 학교 수준의 교육과정에도 부합해야하기 때문에 이러한 교육과정의 조정 과정을 거쳐 다시 학습자 특성, 학교의 전통, 이 시대가 요구하는 핵심역량을 고려하여 교육과정의 목적과 목표를 도출해야 한다. 여기에 학습자 요구를 반영하여 '교육과정'을 설계해야 한다. 그리고 이 학습자 요구에는 '성별', '국가별', '한국어 능력', '연령' 등을 고려해서 설계가 되어야 한다. 어떤 대학교에 입학하는 유학생의 비중에 성별이 어떠한 지, 어떤 국가의 유학생이 주가 되는 지, 한국어 수준은 어느 정도이며 연령은 어떠한 지 등을 고려해서 교육과정이 설계가 돼야 학습자 중심의 '맞춤형' 교육과정이라고 할 수 있을 것이다.

단 '교육과정'은 고정되는 것이 아니라 학습자의 '이해'를 목적으로 학습자의 현재 '이해' 수준을 고려해서 강의를 하는 교수자가 지속적으로 실제 교실 운영에서의 '교육과정'은 지속적으로 '수정'해 나가야 한다.[7] 이와 같은 역할을 충실히 담당할 수 있는 교육과정 모형이 '백워드 설계'이다. 지속적으로 학습자의 요구를 확인하고 진정성 있는 평가를 통해서 이해 가능한 수업을 지향해야 한다. 백워드 설계에서 주로 고려되어야 할 교육 내용은 '한국어 읽기와 쓰기 교육', '과제를 담당할 수 있는 수준의 총체적 언어활동과 실제적 글쓰기 교육', '한국 학생과의 관계 형성이 가능한 교육과 교수

---

7) '한국어 읽기/쓰기 강화', '총체적 언어활동, 실제적 글쓰기 학습 강화'. '한국 학생, 교수진 협동 학습 강화', '취직, 진학관련 프로그램 강화', '대학교의 전통과 역사관련 교육 강화' 등 다섯 가지를 명시했지만 이는 고정된 것이 아니다. 이는 본고의 설문 조사를 토대로 만들어진 것이고 교과목은 탄력적으로 변동가능하다.

진의 도움을 지속적으로 받을 수 있는 교육 프로그램', '졸업 후 진로와 관련한 교육', '대학교의 전통과 역사 그리고 강점 등을 지속적으로 확인할 수 있는 교육적 활동' 등을 포함해서 대학을 구성하는 학위과정 유학생들의 학습자 개별성에 따른 맞춤형 교육과정이 백워드 설계로 제공되어야 한다.

이밖에 장학금 제도의 강화와 유학생을 위한 복지 강화를 추가했는데, 이것은 교과목 외적으로도 유학생들이 한국에서 살면서 경험하게 되는 다양한 문제들을 지속적으로 학교가 관리·해결해 줘야 함을 강조하기 위함이다.

부족한 언어능력은 학업에 어려움을 줄뿐만 아니라 아르바이트를 비롯한 다양한 경제적 활동에도 어려움을 준다. 이는 이러한 문제들에 대해서 대학이 함께 고민할 필요가 있기 때문에 '유학생을 위한 복지'라는 이름으로 교육과정 설계 모형에 추가했다. 또한 이를 담당할 수 있는 전문적인 교수진의 확보도 '유학생을 위한 복지'에 포함될 수 있다. 연세대학교에 RM이 있는 것과 동일하게 유학생의 학업과 적응을 집중적으로 관리·운영할 수 있는 교육적 책임자를 배치하는 것은 유학생 복지에서 가장 주요한 역할을 담당할 수 있기 때문이다.

본 고에서 제시한 설문 조사를 토대로 살펴보면, 유학생들은 한국 대학이 제공하는 교육과정에 만족하고 있지 않았다. 큰 틀에서 국가수준의 교육과정을 준수한다면, 그리고 최대한 학위과정 유학생들의 요구를 교육과정에 반영할 수 있다면, 그리고 유학생들의 현재 '이해' 정도를 파악해서 지속적으로 교육과정을 수정 및 보완

（제5장 대학 특성화 교육과정 설계 모형 구안 181）

하고 학습목표를 탄력적으로 운영할 수 있다면, 그 대학은 학위과
정 유학생의 선택을 받을 확률이 높아질 것이다.

제**6**장

**대학특성화 교육과정
설계의 지향**

이 글의 시작은 한국으로 유입되는 유학생들의 경우 일반 목적 한국어교육까지는 그 수요가 꾸준히 증가하고 있지만, 학위를 목적으로 대학에 입학하는 학위과정 유학생의 유입이 높지 않다는 문제의식에서 시작됐다. 이는 출산율의 감소로 한국 학생의 유입이 점차 줄고 있는 상황과 함께 대학의 존립을 위협하는 요소가 될 수 있기 때문이다.

필자는 본고에서 가장 먼저 '학위과정 유학생'의 특징과 유학생들이 경험하는 학업 부적응의 원인을 밝혔다. 또한 문헌연구를 통해서 학위과정 유학생들이 '한국어의 미숙', '목표어 화자와의 관계 형성의 어려움', '제공되는 교육과정에 대한 낮은 만족도' 등이 유학생의 학업 부적응에 가장 주요한 원인임을 밝혔다.

이어서 현재 대학에서 운영 중인 학위과정 유학생을 위한 교육과정을 비판적으로 분석했다. 유학생들만을 위해 제공되는 교양과 정과 각 대학의 유학생을 위한 교육과정은 크게 '분리형', '통합형', '거주형'이 있음을 밝히고 보편적으로 '분리형'을 대학들이 취하고 있지만 현재까지는 유학생들의 학업 부적응 원인을 해결하기에는 한계가 있음을 밝혔다.

이에 필자는 최초 교육과정을 설계할 때부터 '학위과정 유학생'을 염두하고 교육과정이 설계될 필요가 있다고 전제하고 '교육과정 설계 모형'을 영향력 있는 모형들 위주로 개괄하면서 본고에 부합하는 교육과정 설계 모형을 결정했다. '이해'를 교육목표로 '거꾸로' 설계되는 '이해 중심 교육과정 설계'가 학위과정 유학생들이 겪는 여러 문제들을 해소해 줄 수 있다고 전제하고 이 교육과정 설계 모형에 대한 설계상의 특징들을 제시했다.

'이해 중심 교육과정 설계 모형'을 기본 축으로 추가되거나 고려되어야 할 교육과정 설계 원리가 무엇인지 이론적 검토를 거쳐서 여섯 가지 원리를 제안하고 이에 대한 설명을 제시했다.

이 여섯 가지 원리 중에서도 가장 높은 순위에 있는 '학습자의 요구 및 특성'에 해당하는 내용을 교육과정 설계에 반영하기 위해서 실제 '설문 조사'를 진행한 내용을 제시했다. 특히 '학습자 중심'이라는 기조 아래서 학습자의 세부 변인별 요구사항이 다를 수 있다는 것을 전제하고 '연령', '국가', '성별'에 따라서 통계분석을 진행하였다. 그리고 각 변인에 따라서 확연하게 달라지는 '교육적 요구'를 확인할 수 있었다.

마지막으로 5장에서는 2장부터 4장까지 종합된 내용을 바탕으로 교육과정 설계 모형을 구안했다. 먼저 본격적으로 교육과정 설계 모형을 구안하기에 앞서 교육과정 설계의 '시작'에 해당하는 교육과정 목적과 목표를 분리형, 통합형, 거주형을 각각 대표하는 동국대학교, 성균관대학교, 연세대학교를 중심으로 살펴보았다. 본래 '이해 중심 교육과정 설계 모형'은 '교육목적'을 설계할 때 '국가', '지역', '교육청', '학교수준'을 고려한다. 그렇지만 본고에서는 학위과정 유학생들을 대상으로 진행하기 때문에 '지역'과 '교육청'을 제외하고 '국가', '각급학교', '개별학교'로만 제한하여 교육목적과 교육목표를 제시하였다.

필자는 본고에서 제시한 설문 내용을 바탕으로 학위과정 유학생의 학습자 특성을 밝히고 이 특성이 반영된 교육과정이 만들어져야 '학습자 중심'의 '특성화 교육과정'이 설계될 수 있음을 밝혔다. 이와 같은 과정을 통해 구안된 교육과정이 현재 대학교에서 운영 중인 교양 교육과정에 탄력적으로 함께 운영할 수 있음을 밝히고 마지막으로 교육과정 설계 모형을 제시하였다.

본고에서는 서울의 주요 대학만을 분석하였기 때문에 전국의 다양한 대학의 입장을 모두 반영하지 못했다는 한계가 존재한다. 그렇지만 필자가 제안한 교육과정 설계 모형을 통해 각 대학의 역사와 전통, 그 대학에 재학 중인 유학생들의 학습자 특성, 그리고 백워드 설계를 통한 지속적인 교육과정의 수정 등이 적용될 수 있다면, 각 대학의 특수한 상황에 상관없이 학위과정 유학생의 학업 적응을 위한 특성화 교육과정이 설계 될 수 있을 것으로 기대한다.

부록

외국인 유학생을 위한 대학 교육과정
및 비교과 지원 프로그램 사례

부록
외국인 유학생을 위한 대학 교육과정 및
비교과 지원 프로그램 사례

1. 경희대학교[1]

(1) 특성화 교육과정 개요

- 후마니타스 교약교육과정의 자유이수교과에서 외국인 학생
  들을 위한 교과를 운영하고 있다.
- 공과대학, 전자정보대학, 응용과학 대학, 생명과학 대학, 외국
  어 대학, 예술 디자인 대학에서 외국인 유학생을 졸업대상자
  로 명시하고 있다. 그 중에서도 구체적인 교육과정이나 교과
  목을 제시하고 있는 사례는 소프트웨어융합학과(전자정보 대

---

1) 출처: 경희대학교 국제캠퍼스 학사정보 (http://ghaksa.khu.ac.kr/index.php)

학)의 '외국인학생프렌드십'과 한국어 학과(외국어 대학)의
외국인 전용 교육과정이다.
- 교류지원 제도를 통해 외국인 유학생들에게 문화체험프로그램,
  외국인 유학생과 한국인 학생의 문화교류를 지원하고 있다.

(2) 특성화 교육과정 운영 및 내용

■ 후마니타스 교양교육과정 기본구조 및 이수안내

대구분	중구분	과목명	이수 학점	이수 학년	비고
기초 교과	글쓰기	글쓰기1	2	1	1학년 필수 3시간 2학점
		글쓰기2	2	2	2학년 필수 3시간 2학점	※ 2010학번 이전 3시간 3학점
	영어	대학 영어	2	1	1학년 필수 3시간 2학점	※ 외국인학생의 경우 "대학영 어"대신 "한국 어1"로 대체 가능
	시민 교육	시민 교육	3	1		1학년 필수(이론 + 사회봉사)단, ABEEK 이수학 생은 1, 2학년 중 이수 가능
	학점 소계		9학점		

자유 이수 교과	자유이수교과	3학점 이상	1	※ 신입생세미나 1(필수) ※ 외국인학생의 경우, 신입생세미나 1면제 (자유이수교과에서 3학점 이상 이수)
			1-4	
	학점소계	3학점 이상		
교양이수학점		33학점 이상		최대 50학점까지 인정

1. 외국인학생의 경우 "대학영어" 대신 "한국어 1"로 대체 가능
   - 2015학년도 이전 외국인학생은 학번에 따라 "한국어 1, 2"
   로 "대학영어, 전문영어" 또는 "Global English 1, 2" 또는
   "영어 1, 2"의 대체과목으로 인정되며 2007학년도 이전 외
   국인학생은 2007이전 유사과목("한국언어문화의 이해 1,
   2", "한국어회화 1, 2", "한국어강독 1, 2")도 대체과목으로
   인정
2. 외국인학생의 경우 "신입생세미나 1" 필수과목 면제(외국인
   학생은 자유이수교과에서 3학점 이상 이수로 대체 인정됨)
3. 2008학번 학생이 기숙프로그램 학점 미이수로 인하여 기숙
   프로그램 강좌 이수시 성적평가는 2009학번이후 학생과 동
   일하게 등급제로 처리함. (2013학년도부터 적용)
4. 2017학년도부터 기존 "신입생세미나 2" 과목이 선택과목으
   로 변경(기존 2011~2016학번 모두 변경사항 적용)

■ 자유이수교과

• 한국어 1(교양) (Korean 1)(3학점 3시간)

본 강좌는 본교에 유학 온 외국인 학생들의 한국어 실력 제고를 위한 강좌이다. 듣기, 읽기, 말하기, 쓰기 등 네 가지 기술의 통합교육으로 외국학생들의 전반적인 한국에 실력의 진작을 도모한다. 수업 교재의 내용도 한국 대학생활에서 만날 수 있는 일들을 주제별로 엮어 내용을 통해 간접적으로 학생들이 한국 대학 문화나 학문생활에 친숙해질 수 있도록 수업이 편성되었다. 이 수업은 외국인 학생들을 위한 수업이다.

• 한국어 2(교양) (Korean 2)(3학점 3시간)

본 강좌에서는 한국에서 대학 생활을 시작하는 유학생들이 유창한 한국어 능력을 바탕으로 학교 생활, 강좌 이수 및 과제 제출 및 발표 등을 할 수 있도록 하는 것을 목표로 한다. 또한 한국어 관용어와 속담에 대해 알고 실제 대화에 응용할 수 있으며, 한국어 맞춤법, 한국어 발음법, 한국어 억양에 대한 것을 익힐 수 있다. 본 수업은 대학 수업을 듣고 이해할 수 있는 한국어 능력을 제고, 대학 수업 과제를 한국어로 작성하여 제출할 수 있는 능력 향상, 한국어 맞춤법에 대해 알고 정확하게 발음하는 능력 고취, 자연스러운 한국어 억양에 대해 알고 유창하게 말하는 능력 향상에 목표를 두고 있다.

• 한국의역사와문화 (Korean History and Culture) (3학점 3시간)

본 과목은 한국사를 세계사의 지평에서 새롭게 인식하며 한국의 역사와 문화가 갖는 특징적인 면을 이해하는 데 궁극적인 목표가 있다. 수업을 통해 한국의 사회, 문화를 이해하고 한국사회의 문화적 특성에 대한 심층적인 논의를 통해 한국문화의 성격을 규정할 수 있는 기반을 마련하게 된다. 일차적으로 학생들은 한국의 고대부터 현대에 이르기까지 한국의 역사를 시대별로 학습하게 될 것이다. 또한 한국인의 대표적 사상이 어떻게 형성되었는지, 그리고 어떻게 생활과 문화가 형성, 변화되었는가를 살펴보게 될 것이다. 아울러 한국을 대표할 수 있는 다양한 문화유산을 살펴봄으로써 한국의 역사와 문화를 폭넓게 이해하게 될 것이다. 구체적으로는 과거에서부터 현재에 이르는 한국사회에 관한 국내외의 민족지적 연구들을 고찰하고 한국문화의 특성을 논하는 이론적 논의들을 비판적으로 검토함으로써 현대한국사회를 이해하기 위한 올바른 문화적 시각의 기초를 마련한다.

■ 소프트웨어융합학과

[전공 선택 – 공통 선택 – 실무 심화]

• 외국인학생프렌드십 (Foreign Student Friendhood)

학생은 소프트웨어융합학과 소속의 외국인 학생의 학업/프로그래밍기술학습/전공수업적응에 대한 기여를 하거나 멘토링을 수행한다. 멘토는 멘토링에 대한 계획서와 실적서를 제출하고, 실질적인 외국인 학생에 대한 기여 여부에 기반하여 지도교수로 부터 A/B/F 중 적합한 학점을 부여 받는다.

The student contributes to the adaptation of the academic / programming skill learning / major instruction of the foreign student belonging to the Software Convergence Department and performs the mentoring. The mentor submits plans and achievements for mentoring and receives appropriate credits from A / B / F from the advisor based on whether he or she actually contributes to the foreign student.

■ 한국어학과

한국어 학과 교육과정 편성표 (외국인 전용)

순번	이수구분	교과목명	학수번호	학점	이론	실기	실습	설계	이수학년	1학기	2학기	비고
1	전공선택	담화와 어휘	KO 1402	3	3				1	○		외국인 전용
2	전공선택	담화와 문법	KO 1403	3	3				1	○		외국인 전용
3	전공선택	한국사회 문화읽기	KO 1501	3	3				1		○	외국인 전용
4	전공선택	담화와 회화	KO 1406	3	3				1		○	외국인 전용

5	전공선택	담화와작문	KO 2407	3	3				2		○	외국인 전용
6	전공선택	한국영화읽기	KO 2501	3	3				2	○		외국인 전용
7	전공선택	한국역사와문화	KO 2502	3	3				2		○	외국인 전용

전공 교과목 해설 (외국인 전용)

		1학년	2학년	3학년	4학년
전공기초		언어의이해 문화의이해			
전공선택	1학기	한국영화읽기 담화와어휘 한국어학개론 한국민속문화	한국영화읽기 담화와어휘 전공선택 과목 중 자유선택	전공선택 과목 중 자유선택	전공선택 과목 중 자유선택
	2학기	한국사회 문화읽기 담화와회화 한국어교육학개론 한국현대문화	한국역사와 문화 담화와작문 전공선택 과목 중 자유선택	전공선택 과목 중 자유선택	전공선택 과목 중 자유선택

■ 전공 교과목 해설 (외국인 전용)

• 담화와어휘 (Discourse and Vocabulary)

담화를 중심으로 한 어휘연습을 통해 잘못 습관화된 발음을 교정하고 이로 인해 생긴 부족한 듣기 실력을 향상하는 수업이다. 한국어능력시험 2급 통과자 혹은 그에 준하는 한국어 실력 보유자에 한한다.

The course is designed to correct mal-functioned pronunciation and improve listening ability along with vocabulary practice using frequently used collocations. The course is limited to students who passed TOPIK level 2 or have equivalent proficiency of Korean.

• 담화와문법 (Discourse and Grammar)

중급 학습자들의 고급 준비 단계에 필요한 수업으로 중요한 한국어문법을 재정비하는 수업이다. 한국어능력시험 2급 통과자 혹은 그에 준하는 한국어 실력 보유자에 한한다.

The objective of this course is to restore Korean grammar that is necessary and important to level up from intermediate to advanced. The course is limited to students who passed TOPIK level 2 or have equivalent proficiency of Korean.

• 한국사회문화읽기 (Selected Readings in Korean Culture

and Society)

여러 장르의 한국어 읽기 교재를 사용하여 한국의 사회와 문화에 대한 다양한 내용과 스타일을 접해 본다. 한국어능력시험 3급 통과자 혹은 그에 준하는 실력 보유자에 한한다.

The course is designed to introduce reading materials from different genres, and to help students understand various Korean culture and society. The course is limited to students who passed TOPIK level 3, or have equivalent proficiency of Korean.

• 담화와회화 (Discourse and Conversation)

대학 생활과 관련된 내용을 다룬 회화 교재를 사용하여 대학 생활에서 만나는 한국어 대화사용을 상황별로 연습한다. 한국어능력시험 3급 통과자 혹은 그에 준하는 실력 보유자에 한한다.

The course is designed to practice situational dialogs that students could meet in college campus. The course is limited to students who passed TOPIK level 3, or have equivalent proficiency of Korean.

• 담화와작문 (Discourse and Composition)

한국어 기본 쓰기 활동을 통해 기행문, 일기, 독후감, 영화감상문 등을 작문하며 학문 목적 한국어에 필요한 맞춤법 재확인을 통해 논문 쓰기의 기초를 마련한다. 한국어능력시험 3급 통과자 혹은 그에 준하는 실력 보유자에 한한다.

The objectives of the course are to practice Korean basic composition through writing diary, reading journals, movie reports etc. and also to improve other skills in writing such as organization and mechanics. The course is limited to students who passed TOPIK level 3, or have equivalent proficiency of Korean.

• 한국영화읽기 (Reading Korean Film)

중급에서 고급으로 건너가는 준비 단계로 영화나 드라마를 통해 실생활 한국어 듣기, 줄거리 끊어 말하기, 대본 읽기, 큰 줄거리 요약하여 쓰기 등의 활동을 한다. 한국 대학생들의 생활상이나 문화를 알려줄 수 있는 영화나 드라마를 선정해 언어와 문화 수업을 통합하며 반말구어체에 익숙해지도록 한다. 한국어능력시험 3급 통과자 혹은 그에 준하는 실력 보유자에 한한다.

The course is designed to offer language and culture of Korean college students by a well-known movie or drama, and to help students acquire Korean casual style speech. It implements various activities such as listening, telling summaries of jotted stories, reading script, and writing a summary of whole story. The course is limited to students who passed TOPIK level 3, or have equivalent proficiency of Korean.

• 한국역사와문화 (Korean History and Culture)

여러 텍스트를 사용하여 한국 역사와 문화를 접해 본다. 한국어
능력시험 4급 통과자 혹은 그에 준하는 실력 보유자에 한한다.

The course is designed to introduce Korean history and
culture through various reading materials. The course is limited
to students who passed TOPIK level 4, or have equivalent
proficiency of Korean.

■ 교류지원 제도

1. 문화프로그램
① 글로벌버디 프로그램
- 외국인지원팀에서는 매학기 한국 학생과 외국인 학생이 함께
  하는 〈경희글로벌버디 프로그램〉을 실시하고 있음
- 글로벌버디 프로그램은 다양한 문화교류 미션을 함께 기획하
  고 수행하면서 한국인학생과 외국인학생 간 문화의 다양성을
  배우고 마음을 나누며 친구가 될 수 있는 "교류활동"
- 매학기 약 40여 명 학생들이 문화교류 활동을 이어가고 있으
  며, 4명의 학생이 한 팀이 되어 활동하는 문화 교류 활동
- 자세한 내용은 외국인지원팀 홈페이지 에 게시될 공지문을
  참고

② 문화체험
- 외국인지원팀에서는 한국의 전통, 역사, 문화의 이해를 위하

여 다양한 프로그램 제공 (한국공연 관람의 날, 한국 전통 문
화체험 행사, 한국 음식 문화체험 행사 예정)

※ 일정은 경희대학교 외국인지원팀(http://khglobal.khu.ac.kr)
공지사항을 통해 공지되며, 프로그램은 변동될 수 있음

2. 글로벌존

- 외국인지원팀은 외국인 학생들의 문화교류를 위한 공간인 글
로벌존을 운영 (청운관 B114) - 매학기 다양한 한국문화 특강
이 준비되어 있으며, 친구와의 만남, 조모임, 고민상담 등을 위
한 튜터링룸을 대여하여 사용 가능
- 학생들의 그룹 스터디 및 활동 지원이 가능

2. 고려대학교[2)

(1) 특성화 교육과정 개요

- 고려대학교는 일반 학부생과는 별도로 외국인 전용 교양교육
과정을 운영하고 있다. 외국인 전용 교양교육과정 공통교양,
핵심교양, 전공 관련교양, 선택교양으로 구분된다.

---

2) 출처 : 고려대학교 교육정보 교육과정표(http://registrar.korea.ac.kr/registrar/etc/
curriculum_profiles.do?mode=view&articleNo=145639&article.offset=0&articleLi
mit=10&totalNoticeYn=N&totalBoardNo=)

- 방학기간을 이용한 단기집중과정, 청소년여름학교를 통해 외국인에게 한국어와 한국문화를 배울 수 있는 기회를 제공하고 있다.

(2) 특성화 교육과정 운영 및 내용

■ 외국인 전용 교양 교육과정표

		학수번호	교과목명	학점 (시간)	1차 년도		2차 년도		3차 년도		4차 년도	
					I	II	I	II	I	II	I	II
공통교양	사고와 표현	GETE015	사고와 표현 I	2(4)	○							
		GETE016	사고와 표현 II	2(4)		○	'사고와표현 I , II'과 'Academic English I , II' 중 하나 이상 선택					
	Academic English	IFLS013	Academic English I	2(4)	○							
		IFLS014	Academic English II	2(4)		○						
	1학년 세미나	GEKS005	1학년 세미나 I	1(1)	●							
		GEKS006	1학년 세미나 II	1(1)		●						
	정보적 사고	GECT001	정보적 사고	1(1)		●						
	계			5~11								

핵심교양	세계의 문화	GEFC	※학과(부)별 교육과정표 참고
	역사의 탐구	GEHI	
	문학과 예술	GELA	
	윤리와 사상	GECE	
	사회의 이해	GESO	
	과학과 기술	GEST	
	정량적 사고	GEQR	
계			6
전공관련교양			※학과(부)별 교육과정표 참고
선택교양			
졸업요구 총이수학점			
비고			1. 개강 첫 주 수업에서 고급으로 평가된 학생은 'Academic English Ⅰ(2), Ⅱ(2)'를 'Advanced Academic English(2)'로 대체하여 이수하여야 함. 2. 외국인 학생은 '사고와표현 Ⅰ, Ⅱ'과 'Academic English Ⅰ, Ⅱ'를 외국인특별반으로 수강하는 것을 원칙으로 함. 3. 입학시 어학능력이 부족한 외국인학생은 일정 수준 이상의 어학성적을 제출할 때까지 전공과목 수강에 제한을 받음 ※상세내용 : 입학시 한국어성적이 TOPIK 3급 이하 혹은 본교 한국어센터 수료급수 3급이하인 학생은 전공과목을 수강할 수가 없음. 입학 시 한국어 성적이 TOPIK 4급 혹은 본교 한국어센터 수료급수 4급인 학생은 전공과목을 한 학기당 6학점까지만 수강할 수가 있음. 영어로 수강하는 학생은 입학 시 외국어성적이 일정 수준에 도달하지 못할 경우 전공과목을 한 학기당 6학점까지만 수강할 수가 있음.

	4. 외국인 학생은 졸업요건 중 외국어 강의 이수, 공인외국어 인증, 공인한자이해 능력 인증, 공인 한국어 인증 제출을 면제 받음.

■ 단기집중과정

한국어 단기집중과정은 방학이나 휴가 등 짧은 기간을 이용해 한국어와 한국 문화를 집중적으로 배우려는 성인 학습자를 위한 단기과정이다.

– 한국어 통합수업
• 매주 월~금, 일 4시간 (9:00~13:00)
• 수업교재 : 재미있는 한국어
• 한국어 1 : 주제와 관련된 어휘와 문법을 말하기를 통해 학습.
• 한국어 2 : 주제와 관련된 기능(말하기, 듣기, 읽기, 쓰기) 중심 수업.

급	한국어 수업의 주제와 기능	급별 활동
초급	인사하기, 자기 소개하기, 물건 사기, 음식 주문하기, 길 묻기, 약속하기 등의 가장 기초적인 일상생활 회화와 가족, 취미, 여행 등의 친숙한 일상생활 주제에 대해 이야기 하고 관련된 표현을 학습함.	주제발표: 급별 주제 발표
중급	학교생활, 직업 및 직장, 성격, 연애, 공연 등의 친숙한 사회적 주제에 대해 이야기 하고 관련 표현을 학습함.	인터뷰 발표: 수업에서 다룬 주제 인터뷰

| 고급 | 정치, 경제, 사회, 문화에 대한 학습자의 다양한 관심사를 가지고 이야기와 관련된 한국어 표현을 학습함. | 미디어 발표: 신문, 뉴스 등에서 관심있는 주제 발표 |

- 선택수업

- 오전 한국어통합수업 외 주 2회 관심 있는 과목을 선택하여 수강
- 주 2회 (13:50 ~ 15:40)
- 수업교재: 별도로 배부하는 유인물

과목명	수준	내용
생활 한국어	초중급	초급 수준의 어휘와 문법으로 상황별 기초적인 한국어 회화 연습
어휘 문법	초중급	중급 이상의 어휘와 문법의 정확하고 다양한 의미와 사용 학습
미디어 한국어	중고급	미디어를 통한 실제 한국어 학습 및 시사 문제에 대한 이해와 토론

- 특별활동

- 주말 현장견학 : 주말 동안 여러 유적지, 한국 유명 관광지 등을 방문하는 문화체험 활동
- 주중 문화체험 : 한국어 수업 후 오후 시간을 이용해 한국의 전통 놀이나 공예, 공연관람 등 다양한 문화를 체험하는 활동
- 한국어 도우미와 만남 : 고려대학교 재학생으로 구성된 도우미들과 만나 한국어와 한국생황에 대해 이야기를 나누고 다양한 문화교류 체험 활동 진행

■ 청소년여름학교

청소년 여름학교는 여름 방학을 이용해 한국어와 한국 문화를 배우고자 하는 청소년을 대상으로 하는 4주 특별과정이다.

- 한국어 통합수업
• 매주 월~금, 일 3시간 (9:00~12:00)
• 수업교재 : 청소년 여름학교 한국어

급	한국어 수업의 주제와 기능
초급	한국어에 대한 지식이 없는 학생들을 대상으로 한다. 한글 자모 및 발음, 기본적인 문장 구조에 대한 교육을 바탕으로 일상생활에 필요한 기초 회화와 기초 작문을 지도.
중급	한국어 문법과 어휘에 대한 기본적인 이해와 지식이 있는 학생들을 대상으로 한다. 이미 습득한 문법 지식과 어휘를 확대하여 일상회화를 유창하게 할 수 있도록 집중적으로 지도한다. 또한 다양한 생활회화 연습과 작문 연습을 통해 한국어 표현 능력을 배양.
고급	생활 한국어를 유창하게 구사할 수 있고 한국어 문법에 대해 이해가 충분한 학생들을 대상으로 한다. 속담, 관용어, 문화적 지시어, 추상어 등으로 어휘를 확대하고, 다양한 읽기, 쓰기 훈련을 통해 상황에 맞는 표현력을 배양한다. 아울러 정치, 경제, 문화 등 사회적 주제에 대해서도 토론할 수 있도록 한다.

- 야간 특별 수업
방과 후 야간 특별수업은 프로젝트 성격으로 교사와 학생들이 자유롭게 주제와 일정을 정해 스스로 탐구하고 문제를 해결하는 과정이다. 학생들의 자발성과 능동성이 강조되며, 이를 통해 한국 어와 한국 문화에 대한 이해를 높일 수 있다. 프로젝트 수업은 학생 들의 취미 활동이나, 한국 문화와 관련된 분야를 중심으로 이루어 진다.

급	한국어 수업의 주제와 기능
초급	한국어 기초를 탄탄하게 다지기 위한 수업으로 게임과 같은 즐거운 활동 등을 통하여 어휘와 표현을 자연스럽게 익히고 사용합니다. 부모님께 편지 쓰기, 일기 쓰기, 한국 노래 배우기, 한국 웹툰 읽기
중 · 고급	한국의 유명한 광고, 드라마, 코미디 프로를 보면서 새로운 한국어 표현을 연습합니다. 학습한 한국어를 활용하여 팀별로 짧은 콩트를 만들고 연습을 하며 수료식 때 우수 결과물 발표

- 특별활동
  - 체험 여행 : 한국의 명소를 둘러보는 수학여행과 전통 문화 체험지를 방문하는 활동을 합니다. 여행 일정은 2박 3일 또는 1박 2일로 진행한다.
  - 현장견학 : 주중 또는 주말을 이용해 서울투어, 판문점 DMZ, 한국민속촌 등 다양한 현장견학을 진행한다.
  - 문화체험 : 오전 한국어수업 후 오후 시간을 이용해 한국의 전통 놀이나 공예, 태권도, K-POP댄스 등 재미있는 한국 문화 수업을 진행한다.

3. 국민대학교[3]

(1) 특성화 교육과정 개요

국민대학교는 교양대학학사과정을 통해 교양 교육과정을 마련하였으며, 그 중에서도 별도로 자유 교과목의 외국인 전용 교양교육과정을 운영하고 있다.

(2) 특성화 교육과정 운영 및 내용

■ 자유교양 교과목 배정표[4]

영역	학년	최저이수학점	교과목명	1학기			2학기			야간개설학기	비고
				학점	이론	실습	학점	이론	실습		
문학·언어			기초한국어	3	4		3	4			외국인학생만 수강
			시사한국어	3	3		3	3			외국인학생만 수강
			한국어 1	3	4		3	4			외국인학생만 수강
			한국어 2	3	4		3	4			외국인학생만 수강

---

3) 출처 : 국민대학교 학사 교육과정 안내 (https://www.kookmin.ac.kr/site/resource/guide/process.htm)
4) 해당 표는 외국인 전용 교과목만을 발췌한 것임

교과목명	학점	이론	실습	학점	이론	실습	야간	비고
한국어 3	3	4		3	4			외국인학생만 수강
한국어담화의 이해	3	3		3	3			외국인학생만 수강
한국어와 한국문학	3	3		3	3			외국인학생만 수강
한국어의 화용	3	3		3	3			외국인학생만 수강
한국어화법의 이해	3	3		3	3			외국인학생만 수강

※ 전임교원 담당조건 자유교양 과목

학년	이수구분	영역	교과목명	1학기			2학기			야간개설학기	비고
				학점	이론	실습	학점	이론	실습		
1~4	자유교양	문학언어	영화로보는 한국어문법	3	3		3	3			외국인학생만 수강

■ 교과목 설명

기초한국어 (Korean)

한국어의 음운체계 및 정확한 발음을 습득하고 학교 및 일상생활에 필요한 기본적인 어휘와 표현을 학습 하여 기초 한국어를 구사하도록 한다.

시사한국어 (Current Issues in Korean) 인문

이 과목은 신문, TV, 인터넷 등 여러 언론매체로부터 얻은 자료를 이용하여 한국의 정치, 경제, 사회, 문화 현상에 대한 이해를 높여 중급수준의 한국어 능력을 달성하는 것을 목표로 한다. 특히, 폭넓은 분야의 다양한 논점들에 대해 주어진 과제들을 수행하는 과정을 기반으로 하는 한국어 수업으로서 사회적 차원의 상호작용에서의 숙달도에 도달하고자 한다. 교재와 관련된 특정 주제에 관한 연구 문제를 제시하고, 학생 들은 다양한 읽기/듣기 자료들을 통해 그 연구문제에 대한 해답을 모색함과 동시에 주제에 더욱 접근하고, 관련된 발표 및 토론 과제들을 수행하는 것을 최종목표로 한다.

한국어 1 (Korean 1) 인문

한국어 자모 습득부터 시작하여 정확한 발음과 읽고 쓰는 법을 학습하며, 기본적인 우리말 유형과 어휘를 학습한다. 기초적인 한국어 말하기와 듣기를 연습한다.

한국어 2 (Korean 2) 인문

1급보다 복잡한 언어 구조를 학습하고 일상생활에서 만나게 되는 여러 상황에서 필요한 유형과 어휘를 학습한다.

한국어 3 (Korean 3) 인문

기본적인 의사소통뿐만 아니라 한국어로 간단한 일상생활의 문제를 해결할 수 있는 능력을 기르고, 심화된 한국문화와 풍습을 이해한다.

한국어담화의이해 (Understanding Korean Discourse) 인문 창

고급수준의 한국어 담화를 이해하고 생성하는 능력을 배양하여 대학에서 학문을 하는데 필요한 기초능력을 신장한다. 이를 위해 사회, 경제, 문화 전반에 걸쳐 전문적인 지식을 다루고 있는 다양한 장르의 담화를 접하고 고급 어휘의 이해 및 사용량을 늘린다. 또한 다른 사람의 의견을 비판적으로 이해하고 자신의 의견을 논리적으로 표현할 수 있는 능력을 키운다.

한국어와한국문학 (Korean Language and Literature) 인문

한국어 고급 학습자를 대상으로 하는 과정으로서 다양하고 실제적인 한국어 자료를 다룸으로써 한국문학에 대한 올바른 이해방법을 모색한다. 한국문학의 주제어들을 개관, 이에 관련된 한국어 어휘, 표현을 다양한 학습자료를 통해 자연스럽게 익힌다. 자료의 정리 분석과 실제적이고도 심화된 과제를 통해 한국어와 문학의 숙달도를 높인다.

한국어의화용 (Pragmatics in Korean) 인문

한국어 화용의 원리를 발견하고 이해시켜 외국인 학생들의 한국 언어문화에 대한 의식을 고양하는 것을 목적으로 한다. 첫째 한국어 발화의미를 구성하는 요소를 분석하고 둘째 한국어 발화 구성 요소의 상황 맥락별 특성에 따른 발화의 기능과 의미를 고찰한다.

셋째 한국어 발화 사용의 원리를 한국어의 형태, 통사 및 의미 차원에서 규명한다. 이 강좌에서 한국어 화용의 특징은 이론화의 대상이 아닌, 한국어 의사 소통의 역동적인 특성을 이해하는데 필요한 생성적인 지식으로 다루어지기 때문이다.

한국어화법의이해 (Korean Conversation) 인문

외국인 유학생이 대학 입학 후 강의를 수강하고 학교생활을 함에 있어서 한국어로 원활한 의사소통을 하고, 학문적 글쓰기와 발표 및 토론 등을 통해 전공과목을 수강함에 언어상의 어려움이 없도록 한국어 능력을 배양한다.

해외어학연수 Ⅰ, Ⅱ (Overseas Language Program Ⅰ, Ⅱ) 인문

기본적인 의사소통뿐만 아니라 현지어로 간단한 일상생활의 문제를 해결할 수 있는 능력과 해외문화와 풍습 등을 통해 문화적 소양을 키운다.

영화로보는한국어문법 (Understanding Korean Grammar through Film)

이 강좌는 한국어 구어 문법의 표현 원리를 발견하고 이해시켜 외국인 학생들의 한국어 문법 의식을 고양 함으로써 한국어 의사소통 능력을 제고하는 것을 목적으로 한다. 이를 위해, 첫째, 실제적인 구어 상황 맥락을 내포하고 있는 한국 영화의 구어 문법적 특성을 분석한다. 문장이 아닌, 구 중심의 문법 표현 단위 설정에 따른 구어 발화의 특성 분석 등이 여기에 해당한다. 둘째, 한국어 문어 문법과 구어 문법에 대한 비교문화론 적 관점을 확립하여 문어 및 구어 담화 상황별 한국어 문법 사용의 원리를 심층적으로 이해시킨다. 문어와 구어, 장르와 사용역(register)에 따른 한국어 문법의 차별적인 실현 양상을 영화 장르 및 매체를 통해 실질적 으로 체득할 수 있도록 한다. 셋째, 한국어 구어 문법의 표현 원리를 한국어 사회 문화적 특수성 안에서 경험 할 수 있도록 한다. 한국어 문법은 언어 문화 공동체의 세대별, 성별, 지역별 특성에 따라 형태 통사 및 의미적 차원에서 달리 실현된다. 시대별, 세부 장르별 특성을 달리하는 다양한 종류의 한국 영화를 언어 분석적 관점에서 이해함으로써, 한국 언어 문화 공동체에 대한 온전한 이해는 물론, 그들과의 원활한 의사 소통을 도모할 수 있는 표현 이해 능력을 신장한다.

4. 서울과학기술대학교[5]

(1) 특성화 교육과정 개요

- 기타 교육과정에서 외국인 유학생 관련 교과목을 별도로 운영 중에 있음.

---

5) 출처 ; 서울과학기술 대학교 학사 교육과정 안내 (https://www.seoultech.ac.kr/life/info/college/schedule/)

(2) 특성화 교육과정 운영 및 내용

■ 외국인 유학생 관련 교양 교과목

학년	학기	이수구분	교과목코드	교과목명	학점	이론	실습	비고
3	1,2	교선	100439	외국인을 위한 창의적의사소통	2	2	0	[창의 역량] 택일
3	1,2	교선	100449	외국인을 위한 미디어한국어	2	2	0	[인성 역량] 택일
3	1,2	교선	100435	외국인을 위한 한국 언어와 문화의 이해	3	3	0	〔글쓰기와 논리역량〕택일
3	1,2	교선	101056	외국인을 위한 한국어말하기	2	2	0	〔국제화역량 -실용영어 의사소통〕택일
3	1,2	교선	100455	외국인을 위한 취업준비글쓰기	1	1	0	[취업 역량] 택일
3	1,2	교선	100009	외국인을 위한 한국명문읽기	3	3	0	〔사상과문화 -1영역〕택일
3	1,2	교선	100437	외국인을 위한 한국어프리젠테이션	3	3	0	〔역사와문명-2 영역〕택일
3	1,2	교선	100436	외국인을 위한 한국어표현	3	3	0	〔인간과사회-3 영역〕택일
3	1,2	교선	100438	외국인을 위한 한국어글쓰기	3	3	0	
3	1,2	교선	101055	외국인을 위한 한국어읽기와쓰기	2	2	0	
3	1,2	교선	100943	외국인을 위한 한국어(1)	3	3	0	*졸업시험 대체 교과목
3	1,2	교선	100944	외국인을 위한 한국어(2)	3	3	0	*졸업시험 대체교과목

| 3 | 1,2 | 교선 | 100433 | 외국인을 위한 기초한국어(1) | 3 | 3 | 0 | *졸업시험 대체교과목 |
| 3 | 1,2 | 교선 | 100434 | 외국인을 위한 기초한국어(2) | 3 | 3 | 0 | *졸업시험 대체교과목 |

※ 외국인 유학생에 한하여 이수 가능한 과목임

※ 졸업시험 대체교과목: 해당학기 평점 및 졸업인정 학점에 포함되지 않음

※ 기초한국어: 국제교류협정에 의거하여 우리 대학에 수학하러 온 교환학생만 수강 가능

■ 교과목 개요

100009 외국인을 위한 한국명문읽기 (Selected Readings in Korean for Foreign Students)

외국인 유학생이 대학생으로서 학문적 소양을 쌓기 위한 읽기 능력을 습득하고 다양한 분야의 읽기를 통해 대학교육에 필요한 교양지식을 갖추도록 한다.

100433 외국인을 위한 기초 한국어(1) (Basic Korean 1 for Foreign Students)

국제교류협정에 의거하여 우리 대학에 수학하러 온 교환학생을 대상으로 하는 한국어 입문 첫 번째 과정으로, 한글을 익히고 일상생활에 필요한 기초적인 한국어 사용 능력을 배양할 수 있도록 함

100434 외국인을 위한 기초 한국어(2) (Basic Korean 2 for Foreign Students)

국제교류협정에 의거하여 우리 대학에 수학하러 온 교환학생을 대상으로 하는 한국어 입문 두 번째 과정으로, 일상생활에 필요한 듣기, 말하기, 읽기, 쓰기의 기능별 언어 능력을 향상시킴

100435 외국인을 위한 한국언어와 문화의 이해 (Understanding Korean Language and Culture for Foreign Students)

외국인 유학생이 대학(원) 강의를 수강할 수 있도록 한국 문화의 이해와 전공 강좌에서 요구되는 듣기 능력과 발표 및 토론 등 수학 능력을 배양하여 학문적인 분야에서 수학능력을 기르도록 한다.

100436 외국인을 위한 한국어표현 (Korean Expressions for Foreign Students)

외국인 유학생이 대학(원) 및 한국 생활에 필요한 고급 수준의 한국어 어휘 및 다양한 표현을 학습하여 성공적인 학문 활동을 수행하고 한국 사회 문화 정치 경제를 이해할 수 있도록 한다.

100437 외국인을 위한 한국어 프리젠테이션 (Presentation in Korean for Foreign Students)

외국인 유학생이 한국어 화법에 대한 이해를 토대로 대학(원) 생활에 필요한 발표 및 토론 등 학문적인 말하기 활동을 성공적으로 수행할 수 있도록 한다.

100438 외국인을 위한 한국어글쓰기 (Korean Academic Composition for Foreign Students)

본 강의는 한국어 중~고급 이상 수준의 학습자를 대상으로 한다. 외국인 유학생이 고급 수준의 다양한 한국어 글쓰기 기술을 익히고 자신에게 맞는 글쓰기 전략을 개발하여 대학(원) 학문 활동에 필요한 보고서 및 논문을 작성할 수 있도록 한다.

100439 외국인을 위한 창의적 의사소통 (Creative Communication for Foreign Students)

외국인 유학생이 다양한 주제에 대해 비판적으로 사고하고 자신의 생각을 논리적으로 표현하는 능력을 키워 학업수행 능력과 한국어 의사소통 능력을 향상시키는 데에 목적이 있다. 이를 위해 다양한 주제의 텍스트를 통해 비판적인 사고 능력을 키우고 대학에서 요구되는 다양한 수사적 기법과 토의, 토론 기술을 익혀 자신의 전공 교과목을 심화 학습할 수 있도록 한다.

100449 외국인을 위한 미디어 한국어 (Korean in the Media for Foreign Students)

외국인 유학생이 한국의 정치, 경제, 사회, 문화 등에 대한 신문 기사, TV 뉴스, 칼럼, 다큐멘터리 등의 다양한 시사자료를 통해 고급 수준의 한국어를 익히고 한국 사회와 문화를 더 깊이 있게 이해하여 한국어 의사소통 능력을 높이는 데에 목적이 있다. 시사 자료는 한국의 사회와 문화를 잘 반영하기 때문에 유학생들은 이러한 자료를 통해 한국의 사회 문화적 지식과 능력을 습득하게 되고 결국 총체적 의사소통 능력을 높이게 될 뿐만 아니라 자신의 지식 기반을 넓힐 수 있다.

100455 외국인을 위한 취업준비 글쓰기 (Career Design and Korean Writing for Foreign Students)

외국인 유학생이 대한기간 동안 직업적성의 의미와 중요성을 인식하여 진로설계의 틀을 마련하고, 외국인 학생들에게 맞춤화된 취업 관련 쓰기 및 인터뷰 능력을 개발함으로써 대한기간 동안 체계적인 취업준비가 이루어질 수 있도록 기초역량을 배양한다.

100943 외국인을 위한 한국어(1) (Korean 1 for Foreign Students)

외국인 유학생이 대학교육 수학에 필요한 한국어능력시험(토픽) 3급수준 이상에 해당하는 한국어 어휘/문법, 듣기, 읽기, 쓰기 능력을 배양하여 대학생활의 자신감과 적극적인 참여의식을 기른다. [외국인 재학생을 위한 졸업시험 대체 교과목으로 졸업학점에 포함되지 않는다.]

100944 외국인을 위한 한국어(2) (Korean 2 for Foreign Students)

외국인 유학생이 대학 교육 수학에 필요한 한국어능력시험(토픽) 4급 수준 이상에 해당하는 한국어 어휘/문법, 듣기, 읽기, 쓰기 능력을 배양하여 성공적인 학문 활동을 수행할 수 있도록 한다. [외국인 재학생을 위한 졸업시험대체 교과목으로 졸업학점에 포

함되지 않는다.]

101055 외국인을 위한 한국어 읽기와 쓰기 (Korean Reading and Writing for Foreign Students)

외국인 유학생의 대학에서 요구되는 읽기 능력을 배양하기 위해 다양한 형태의 글을 읽고 읽기 전략을 향상시키고 읽기와 쓰기를 연계하여 한국어 표현 능력을 향상시킨다.

101056 외국인을 위한 한국어말하기(Korean Speaking for Foreign Students)

외국인 유학생이 대학생활에 필요한 의사소통 능력을 집중적으로 향상시켜 한국어 말하기 숙달도를 높인다.

5. 서울시립대학교[6]

(1) 특성화 교육과정 개요

- 국제교육원에서 외국인들을 위한 전공 교과목 및 교양 교과목을 운영 중에 있으며, 각 교과목의 핵심역량과의 연계성을 제시하고 있다.

---

6) 출처 : 서울시립대학교 교과과정(https://www.uos.ac.kr/kor/html/uaInfo/major/curriculum/curriculum2019.do?epTicket=LOG)

(2) 특성화 교육과정 운영 및 내용

■ 국제교육원 전공 교과목

연번	개설 시기 (예:2-1)	교과 구분 (전필, 전선)	과목 특성* 표시	교과 번호	교 과 목	학점	강의	실습	성적 부여 방법 (A+~ F,S,U)	성적 평가 방법 (상대, 절대)
1	1,2학기	전선		90001	한국학특강	3	3	0	A+~F	절대
2	1,2학기	전선		90002	한국역사	3	3	0	A+~F	절대
3	1,2학기	전선		90003	한국전통과 문화	3	3	0	A+~F	절대
4	1,2학기	전선		90004	한국정치와 사회	3	3	0	A+~F	절대
5	1,2학기	전선		90005	한국경제와 경영	3	3	0	A+~F	절대
6	1,2학기	전선		90006	한국의 대중매체와 대중문화	3	3	0	A+~F	절대
7	1,2학기	전선		90007	한국과 세계화	3	3	0	A+~F	절대
8	1,2학기	전선		90008	아시아학 특강	3	3	0	A+~F	절대
9	1,2학기	전선		90009	동아시아 역사	3	3	0	A+~F	절대
10	1,2학기	전선		90010	동아시아 경제발전	3	3	0	A+~F	절대
11	1,2학기	전선		90199	비즈니스 영어	3	3	0	A+~F	절대

12	1,2학기	전선		90200	국제비지니스문화와 커뮤니케이션	3	3	0	A+~F	절대
13	1,2학기	전선		90201	국제제도와 협력	3	3	0	A+~F	절대
14	1,2학기	전선		90203	도시경제와 정책	3	3	0	A+~F	절대
15	1,2학기	전선		90204	서울의이해	3	3	0	A+~F	절대
16	1,2학기	전선		90205	남북한 정치외교	3	3	0	A+~F	절대
17	1,2학기	전선		90206	글로벌 경영의이해	3	3	0	A+~F	절대
18	1,2학기	전선		90207	글로벌시장에서의 마케팅관리	3	3	0	A+~F	절대
19	1,2학기	전선		90208	세계경제 분석	3	3	0	A+~F	절대
20	1,2학기	전선		90209	기업금융 시장에 대한 이슈	3	3	0	A+~F	절대
21	1,2학기	전선		90210	한국어발음 과응용	3	3	0	A+~F	절대
22	1,2학기	전선		90211	국제법에 대한이해	3	3	0	A+~F	절대
23	1,2학기	전선		90212	동아시아 외교안보	3	3	0	A+~F	절대
24	1,2학기	전선		90213	에너지와 국제관계	3	3	0	A+~F	절대
25	1,2학기	전선		90214	여가신체 활동I	3	3	0	A+~F	절대

26	1,2학기	전선		90215	여가신체 활동II	3	3	0	A+~F	절대
27	1,2학기	전선		90216	인적자원 관리특강	3	3	0	A+~F	절대
28	1,2학기	전선		90217	재무회계 특강	3	3	0	A+~F	절대
29	1,2학기	전선		90218	경영관리의 이해	3	3	0	A+~F	절대
30	1,2학기	전선		90219	기업가정신 과기업혁신 특강	3	3	0	A+~F	절대

• 졸업논문, 현장실습, 실무수습, 공동관리(융·합), 캡스톤디자인(종합설계), 학업설계상담, 단과대학공통과목, 계절수업, 창의공학기초설계, 통섭전공 교과목, 격년제 개설과목(홀수해/짝수해)

■ 교양과정
기초교양 범주

– 교양필수(의사소통,영어,수학)[7]
※ 외국인 학생의 경우 2018학년도부터 신설된 '외국인을 위한 글쓰기'를 수강해야함

영역	교과번호	교과목	학점	이론	실습	주관 학부/과
의사소통	01734	외국인을 위한 글쓰기	2	3	0	의사소통 교실

---

7) 교양필수와 교양선택에 해당하는 표는 교양과목 중 외국인 관련 교과만을 발췌한 것임

- 교양선택(학문기초, 공학소양, 외국어, 컴퓨터, 통섭기초)

영역	교과번호	교과목	학점	이론	실습	주관학부/과
외국어	01386	초급한국어	3	3	0	국제교육원
외국어	01781	외국학생을 위한 대학한국어	3	3	0	국제교육원
외국어	01789	중급한국어1	3	3	0	국제교육원
외국어	01790	중급한국어2	3	3	0	국제교육원
외국어	01791	고급한국어1	3	3	0	국제교육원
외국어	01792	고급한국어2	3	3	0	국제교육원
외국어	01793	실용한국어1	3	3	0	국제교육원
외국어	01794	실용한국어2	3	3	0	국제교육원
외국어	01795	실용한국어3	3	3	0	국제교육원
외국어	01796	실용한국어4	3	3	0	국제교육원

■ 교양교과목 핵심역량 및 연계성[8]

영역	교과번호	교과목	전문성		소통			창의			대표 핵심역량과 교과목간 연계성
			종합적 사고	정보기술활용	문제해결	공감과 협업	글로벌 감각	사회공헌	창안	융복합	혁신	
의사소통	01734	외국인을 위한 글쓰기	●		○					○		외국인 신입생의 학문 기초 정립에 필요한 한국어 읽기와 쓰기 능력을 향상시킴으로써 종합적 사고 역량 강화

---

8) 해당 표는 외국인 관련 교과만을 발췌한 것임

외국어	01 386	초급 한국어					●				시립대학교로 온 외국 교환학생들로 하여금 기초적인 한국어를 습득하여 한국 문화에 대한 이해를 넓히는 글로벌 감각 역량(외국어활용능력, 다문화 이해 및 수용 능력 등) 강화
외국어	01 781	외국 학생을 위한 대학 한국어					●				언어 활용의 4가지 구성 요소인 읽기·쓰기와 말하기 듣기가 유기적인 연계를 갖도록 수업을 구성하여 유학생들의 외국어 활용 능력과 한국 문화에 대한 이해를 넓히는 글로벌 감각 역량(외국어활용능력, 다문화 이해 및 수용 능력 등) 강화
외국어	01 789	중급 한국어 1					●				기초 한국어를 수강한 외국 교환학생들이 좀 더 심도 있게 한국어와 한국 문화에 대한 이해를 넓히며 세계시민으로서의 글로벌 감각 역량(외국어활용능력, 다문화 이해 및 수용 능력 등) 강화
외국어	01 790	중급 한국어 2									기초 한국어를 수강한 외국 교환학생들이 좀 더 심도 있게 한국어와 한국 문화에 대한 이해를 넓히며 세계시민으로서의 글로벌 감각 역량(외국어활용능력, 다문화 이해 및 수용 능력 등) 강화

외국어	01 791	고급 한국어 1								한국어 중급과정까지 수학한 외국 교환학생들이 한층 심화된 한국어를 배워 한국어를 활용한 토론, 듣기 등의 활동을 통해 어휘능력 신장과 사회이슈를 이해할 수 있는 글로벌 감각 역량 (외국어활용능력, 다문화 이해 및 수용 능력 등) 강화
외국어	01 792	고급 한국어 2								한국어 중급과정까지 수학한 외국 교환학생들이 한층 심화된 한국어를 배워 한국어를 활용한 토론, 듣기 등의 활동을 통해 어휘능력 신장과 사회이슈를 이해할 수 있는 글로벌 감각 역량 (외국어활용능력, 다문화 이해 및 수용 능력 등) 강화
외국어	01 793	실용 한국어 1								외국 교환학생들이 한국 실생활에 맞는 한국어 구사 능력을 갖추고, 세계시민으로서 글로벌 사회에서의 역할을 수행할 수 있는 글로벌 감각 역량(외국어활용능력, 다문화 이해 및 수용 능력 등) 강화
외국어	01 794	실용 한국어 2								외국 교환학생들이 한국 실생활에 맞는 한국어 구사 능력을 갖추고, 세계시민으로서 글로벌 사회에서의 역할을 수행할 수 있는 글로벌 감각 역량(외국어활용능력, 다문화 이해 및 수용 능력 등) 강화

| 외국어 | 01 795 | 실용 한국어 3 | | | | | | | 외국 교환학생들이 한국 실생활에 맞는 한국어 구사 능력을 갖추고, 세계시민으로서 글로벌 사회에서의 역할을 수행할 수 있는 글로벌 감각 역량(외국어활용능력, 다문화 이해 및 수용 능력 등) 강화 |
| 외국어 | 01 796 | 실용 한국어 4 | | | | | | | 외국 교환학생들이 한국 실생활에 맞는 한국어 구사 능력을 갖추고, 세계시민으로서 글로벌 사회에서의 역할을 수행할 수 있는 글로벌 감각 역량(외국어활용능력, 다문화 이해 및 수용 능력 등) 강화 |

■ 교과목 설명

01734 외국인을 위한 글쓰기

이 교과목은 외국인 학생들의 한국어 글쓰기 능력을 신장하는 것을 목적으로 한다. 이에 전공 학업을 위한 도구적 어휘를 습득하고, 문서 작성에 필요한 기초 글쓰기 방법을 익혀 대학에서의 학업 수행에 필요한 기반 능력을 향상하도록 한다. 이 교과목을 통해 외국인 학생들은 한국어 표현 능력과 소통 능력을 전반적으로 향상할 수 있을 것이다.

This course aims to improve the Korean writing ability of foreign students. To this end, students will learn the instrumental vocabulary for their major studies, and learn the basic writing methods necessary for writing documents to improve the foundational skills necessary for academic performance. This course will help foreign students to improve their Korean expression and communication skills.

01386 초급한국어 Beginning Korean Language

시립대학교로 온 외국 교환학생들로 하여금 기초적인 한국어를 습득하여 한국 생활에 실제 사용하고 한국에 대한 이해를 넓힘

Exchange students could broaden their understanding of Korean culture, as well as learn basic Korean language to use while their stay in UOS, Korea.

01781 외국 학생을 위한 대학한국어 Academic Korean Language for Foreign Students

우리대학에서 유학 중인 외국인 유학생을 위한 한국어 과목으로 언어 활용의 4가지 구성 요소인 읽기 · 쓰기와 말하기 · 듣기가 유기적인 연계를 갖도록 수업을 구성하여 유학생들이 대학 강의 수강에 필요한 구어 및 문어 활용 능력을 균형 있게 향상시킬 수 있다.

This course is aiming at improve Korean language for degree seeking foreign students who are studying at our university. The lesson is structured as the four components of language utilization, reading and writing, and speaking and listening, have an organic linkage. So students can improve the ability to use spoken and written language to take their major courses.

01789 중급한국어1 Intermediate Korean Language 1

기초 한국어를 수강한 외국 교환학생들이 좀 더 심화된 한국어 과정을 통해 한국어와 한국 문화에 대한 이해를 넓힌다.

Those exchange students who have learned basic Korean language could deepen their understanding of Korean culture and language.

01790 중급한국어2 Intermediate Korean Language 2

기초 한국어를 수강한 외국 교환학생들이 좀 더 심화된 한국어 과정을 통해 한국어와 한국 문화에 대한 이해를 넓힌다.

Those exchange students who have learned basic Korean language could deepen their understanding of Korean culture and language.

01791 고급한국어1 Advanced Korean Language 1

한국어 중급과정까지 수학한 외국 교환학생들이 한층 심화된 한 국어를 배워 한국어의 사용과 이해의 완성도를 높인다.

Those exchange students who have learned intermediate Korean Language could have more advanced Korean proficiency and understanding.

01792 고급한국어2 Advanced Korean Language 2

한국어 중급과정까지 수학한 외국 교환학생들이 한층 심화된 한국어를 배워 한국어의 사용과 이해의 완성도를 높인다.

Those exchange students who have learned intermediate Korean Language could have more advanced Korean proficiency and understanding.

01793 실용한국어1 Practical Korean Language 1

시립대학교로 온 외국 교환학생들로 하여금 실생활에서 활용할 수 있는 한국어를 습득하여 한국 생활에 실제 사용하고 한국에 대한 이해를 넓힌다.

Those exchange students who have learned Korean language could deepen their understanding of Korean culture and language, especially in practical purpose.

01794 실용한국어2 Practical Korean Language 2

시립대학교로 온 외국 교환학생들로 하여금 실생활에서 활용할 수 있는 한국어를 습득하여 한국 생활에 실제 사용하고 한국에 대한 이해를 넓힌다.

Those exchange students who have learned Korean language could deepen their understanding of Korean culture and language, especially in practical purpose.

01795 실용한국어3 Practical Korean Language 3
시립대학교로 온 외국 교환학생들로 하여금 실생활에서 활용할
수 있는 한국어를 습득하여 한국 생활에 실제 사용하고 한국에 대
한 이해를 넓힌다.

Those exchange students who have learned Korean language
could deepen their understanding of Korean culture and
language, especially in practical purpose.

01796 실용한국어4 Practical Korean Language 4
시립대학교로 온 외국 교환학생들로 하여금 실생활에서 활용할
수 있는 한국어를 습득하여 한국 생활에 실제 사용하고 한국에 대
한 이해를 넓힌다.

Those exchange students who have learned Korean language
could deepen their understanding of Korean culture and
language, especially in practical purpose.

6. 성균관대학교[9]

(1) 특성화 교육과정 개요

- 성균관대학교는 동아시아학술원에서 한국학전공 학사연계과
정을 운영하고 있다. 한국학전공은 복수전공 신청자격이 있는
외국인들만 신청이 가능하다. 한국학전공은 한국문화, 역사,
사회, 경제 전반에 대한 폭넓은 분야를 교육하고, 이를 바탕으
로 한국, 더 나아가 동아시아 전반에 대한 이해와 통찰력을 지
닌 국제적 인재를 육성한다.
- 외국인 학생 전용 교양과목을 운영하고 있으며, 영역별 통합
이수제에 따라 성균인성, 교양, 기초 교육과정을 세부영역 구
분 없이 이수가 가능하다.

(2) 특성화 교육과정 운영 및 내용

■ 한국학연계전공 교육과정

학수번호	교과목명	학점 (시간)	자기 학습 시간	영역	이수대상	비고
IKS2003	한국의역사와문화	3(3)	6	핵심	학사2-3년	
IKS2004	한국의문화유산	3(3)	6	핵심	학사2-3년	

---

9) 출처 : 성균관대학교 학사 교육과정 안내(https://www.skku.edu/skku/about/
status/state_02_2012.do)

IKS2008	학술적글쓰기실습	3(3)	6	핵심	학사2-3년	
IKS2009	동아시아관계론	3(3)	6	일반	학사2-3년	
IKS2013	Modern Korean History and Culture	3(3)	6	핵심	학사2-3년	
IKS2014	Introduction to Korean Cinema	3(3)	6	핵심	학사2-3년	
IKS2017	한국의전통예술	3(3)	6	핵심	학사2-3년	
IKS2018	한국의도시문화	3(3)	6	핵심	학사2-3년	
IKS2020	한국현대사회와여성	3(3)	6	핵심	학사2-3년	
IKS2026	한국정치문화의이해	3(3)	6	일반	학사2-3년	
IKS2027	유교와한국사회	3(3)	6	핵심	학사1-4년	
IKS2028	한자와동아시아1	3(3)	6	핵심	학사1-4년	
IKS2029	한국문학작품의 이해1	3(3)	6	핵심	학사1-4년	
IKS2030	한국학특강	3(3)	6	핵심	학사1-4년	
IKS2031	한류와미디어	3(3)	6	핵심	학사1-4년	
IKS2032	한국의 세시풍속과 축제	3(3)	6	핵심	학사1-4년	
IKS2033	주거와한국인	3(3)	6	핵심	학사1-4년	
IKS2034	한국인의 생애와 여가생활	3(3)	6	핵심	학사1-4년	
IKS3001	한국의 민족주의와 동아시아	3(3)	6	일반	학사1-4년	
IKS3002	고전으로보는한국	3(3)	6	일반	학사1-4년	
IKS3003	한자와동아시아2	3(3)	6	일반	학사1-4년	
IKS3004	한국문학작품의 이해2	3(3)	6	일반	학사1-4년	
IKS3005	자료로 읽는 한국 근현대사	3(3)	6	일반	학사1-4년	
IKS3006	한국의전통사회	3(3)	6	일반	학사1-4년	

IKS3007	한국의지역문화	3(3)	6	일반	학사1-4년	
IKS3008	가족관계와한국사회	3(3)	6	일반	학사1-4년	
IKS3009	세계속의한국	3(3)	6	일반	학사1-4년	
BUS2003	마케팅관리	3(3)	6	핵심	학사1-4년	경영학과
BUS2006	재무관리	3(3)	6	핵심	학사1-4년	경영학과
BUS2018	국제경영	3(3)	6	일반	학사1-4년	경영학과
BUS3011	인터넷과경영	3(3)	6	일반	학사1-4년	경영학과
CON2005	소비자유형분석론	3(3)	6	일반	학사2-3년	소비자학과
COS2027	동아시아철학입문	3(3)	6	핵심	학사2-3년	유학대학
COS2042	한국성리학의논쟁들	3(3)	6	일반	학사2-3년	유학대학
COS2044	한국의철학사상	3(3)	6	핵심	학사2-3년	유학대학
DKL2009	현대시의이해	3(3)	6	핵심	학사2-3년	국어국문학과
DKL2011	현대소설의이해	3(3)	6	핵심	학사2-3년	국어국문학과
DKL2017	국어학연구입문	3(3)	6	핵심	학사2-3년	국어국문학과
DKL2018	국문학연구입문	3(3)	6	핵심	학사2-3년	국어국문학과
ECO2006	경제사	3(3)	6	일반	학사2-3년	경제학과
ECO3002	한국경제사	3(3)	6	일반	학사3-4년	경제학과
ECO3016	한국경제론	3(3)	6	일반	학사3-4년	경제학과
ECO3017	경제발전론	3(3)	6	일반	학사3-4년	경제학과
HIS2005	한국현대사	3(3)	6	일반	학사2-3년	사학과
MCJ3022	패러다임전환론	3(3)	6	일반	학사3-4년	미디어커뮤니케이션
MCJ3025	디지털미디어론	3(3)	6	핵심	학사3-4년	미디어커뮤니케이션

| PSD2013 | 한국정치론 | 3(3) | 6 | 핵심 | 학사2-3년 | 정치외교
학과 |

※ 복수전공 자격을 지닌 외국인만 전공 신청 가능

■ 외국인학생 전용 교양과목

영역	외국인 유학생 전용 교양과목(학점)			비고
성균 인성 및 중점 교양	의사소통1(2)	의사소통2(2)	22 학점	외국인 유학생은 전용과목(강좌) 또는 일반과목 중 에서 선택 이수 가능
	창의사유의 기초(2)	한국어매체읽기(2)		
	한국어 문서작성(2)	한국어 화법과예절(2)		
	의사소통3(2)	의사소통4(2)		
	발표와토론1(2)	발표와토론2(2)		
	사고와표현2(2)			
균형 교양	인간의이해(2)	문화의이해(2)	15 학점	
	사회역사의 이해(2)	한국문화의이해(2)		
	한국역사의 이해(2)	한국사회와 미디어(2)		
	한국문화와 언어(2)			
	한국생활의안내및진로(2)			
일반선택	FYE세미나(1)		1학점	
합계	29학점 이상			

7. 연세대학교[10]

(1) 특성화 교육과정 개요

- 원주캠퍼스에 글로벌엘리트학부를 운영 중이며, 외국인들과
  재외교포를 대상으로 한국문화와 경영을 접목한 융합전공과
  정 및 졸업 후의 진로와 연관되는 학문을 자기설계전공으로
  이수할 수 있는 프로그램을 운영하고 있다.
- SAY, YISS, WAY 등의 프로그램을 통해 외국인 유학생들의 한
  국문화체험을 지원하고 있다.

(2) 특성화 교육과정 운영 및 내용

■ 한국문화 경영전공 교과과정

학년	학기	과목 종별	학정번호	교과목명	학 점	강 의	실 습
1,2	1,2	공기	YHE1003	언어와 동아시아문화	1	1	0
		공기	GED1001	초급영어 I	3	3	0
		공기	GED1002	초급영어 II	3	3	0
		공기	GED1003	중급영어 I	3	3	0
		공기	GED1004	중급영어 II	3	3	0
		전선	GED1005	초급대학한국어	3	3	0
		전선	GED1006	언어와생활	3	3	0

---

10) 출처 : 연세대학교 학사일정 대학요람(https://www.yonsei.ac.kr/sc/support/
college_bulletin.jsp)

1,2	1,2	전선	GED1007	한국문화입문	3	3	0
		전선	GED1008	중급대학한국어	3	3	0
		전선	GED1009	언어와사회	3	3	0
		전선	GED1010	한국문화의이해	3	3	0
		전선	GED2001	고급대학한국어	3	3	0
		전선	GED2002	한국사회의이해	3	3	0
		전선	GED2003	한국사회세미나	3	3	0
		전선	GED2004	글로벌사회문화	3	3	0
		전선	GED2005	시사영어 I	3	3	0
		전선	GED2006	시사영어 II	3	3	0
		전선	GED2007	비평적사고 I	3	3	0
		전선	GED2008	비평적사고 II	3	3	0
		전선	GED2009	비즈니스한국어	3	3	0
		전선	GED2010	경영학의이해	3	3	0
		전선	GED3001	비교문화세미나 I	3	3	0
		전선	GED3002	비교문화세미나 II	3	3	0
		전선	GED3003	프리젠테이션스킬 I	3	3	0
		전선	GED3004	프리젠테이션스킬 II	3	3	0
		전필	GED3005	한국문화콘텐츠의이해	3	3	0
		전필	GED3006	한국문화이해와 동아시아의교류	3	3	0
		전선	1000단위	한국어문장연구	3	3	0
		전선	1000단위	비즈니스컴퓨팅(1)	3	3	0
		전선	1000단위	문화콘텐츠의이해	3	3	0
		전선	1000단위	창의적사고와 비판적글쓰기	3	3	0
		전선	1000단위	서사와스토리텔링	3	3	0
		전선	2000단위	한국영화의이해	3	3	0
		전선	2000단위	재무회계원리	3	3	0
		전선	2000단위	비판적 글쓰기와 말하기	3	3	0

1,2	1,2	전선	2000단위	창업론	3	3	0
		전선	2000단위	경영통계	3	3	0
		전선	2000단위	계량경영학	3	3	0
		전선	2000단위	한국어문법	3	3	0
		전선	2000단위	동서양신화와콘텐츠	3	3	0
		전선	2000단위	동서양텍스트와콘텐츠	3	3	0
3,4	1,2	전선	2000단위	대중문화와콘텐츠	3	3	0
		전선	3000단위	한국철학사	3	3	0
		전선	3000단위	문화철학	3	3	0
		전선	3000단위	현대한국정치와사회	3	3	0
		전선	3000단위	고전문학사	3	3	0
		전선	3000단위	한국대중문화연구	3	3	0
		전선	3000단위	조직행동론	3	3	0
		전선	3000단위	마케팅	3	3	0
		전선	3000단위	e-비즈니스	3	3	0
		전선	3000단위	서비스경영	3	3	0
		전선	3000단위	예술철학	3	3	0
		전선	3000단위	경영정보시스템	3	3	0
		전선	3000단위	경영혁신론	3	3	0
		전선	3000단위	금융시장론	3	3	0
		전선	3000단위	기업금융론	3	3	0
		전선	3000단위	유통경로론	3	3	0
		전선	3000단위	인사관리	3	3	0
		전선	3000단위	투자론	3	3	0
		전선	3000단위	관리회계원리	3	3	0
		전선	3000단위	운영관리	3	3	0
		전선	3000단위	한류문화의기원과발전	3	3	0
		전선	3000단위	게임문화와산업	3	3	0
		전선	3000단위	공연예술의이해	3	3	0
		전선	3000단위	출판문화의이해	3	3	0

		전선	3000단위	재무관리	3	3	0
3,4	1,2	전선	3000단위	경영전략	3	3	0
		전선	3000단위	국제마케팅	3	3	0
		전선	3000단위	사회적기업과혁신	3	3	0
		전선	3000단위	전략정보시스템	3	3	0
		전선	3000단위	창조윤리경영특강	3	3	0
		전선	3000단위	기술경영	3	3	0
		전선	3000단위	문화기획실무론	3	3	0
		전선	3000단위	공연예술기획과실습	3	3	0
		전선	3000단위	축제전시기획과실습	3	3	0
		전선	3000단위	출판기획과실습	3	3	0
		전선	3000단위	게임기획론	3	3	0

■ 교과목 해설

GED1001 초급영어 I (BASIC ENGLISH I)

글로벌엘리트학생들을 대상으로 하는 수업으로, 토플시험 준비를 위한 단계별 수업 중 초급 영어 1 수준의 수업이다.

GED1002 초급영어 II (BASIC ENGLISH II)

글로벌엘리트학생들을 대상으로 하는 수업으로, 토플시험 준비를 위한 단계별 수업 중 초급 영어 2 수준의 수업이다.

GED1003 중급영어 I (INTERMEDIATE ENGLISH I)

글로벌엘리트학생들을 대상으로 이 수업을 통해 학생들이 토플

테스트를 준비할 수 있도록 도와주는 단계별 수업 중 중급 영어 1 수준의 수업이다.

GED1004 중급영어 Ⅱ (INTERMEDIATE ENGLISH Ⅱ)

글로벌엘리트학생들을 대상으로 하는 수업으로, 토플시험 준비를 위한 단계별 수업 중 중급 영어 1 수준의 수업이다.

GED1005 초급대학한국어(UNIVERSITY BASIC KOREAN)

글로벌엘리트 학부에 입학한 외국인 학생 중 한국어 학습을 처음 시작하는 학생들을 대상으로 한국어의 기초 어휘와 문법을 통해 기본적인 의사표현이 가능하게 하며, 대학 생활에서 필요한 기초적인 한국어 능력을 갖추도록 한다.

GED1006 언어와생활(LANGUAGE AND LIFE)

글로벌엘리트 학부에 입학한 외국인 학생 중 한국어 학습을 처음 시작하는 학생들을 대상으로 한국에서의 일상생활에 필요한 구어적 표현과 다양한 담화 상황에 따른 표현 차이를 익히도록 한다.

GED1007 한국문화입문(INTRODUCTION TO KOREAN CULTURE)

글로벌엘리트 학부에 입학한 외국인 학생 중 한국어 학습을 처음 시작하는 학생들을 대상으로 한국의 일상생활 문화와 관련한 한국어 자료를 듣고 읽으며 한국 문화에 대한 이해도를 높이도록 한다.

GED1008 중급대학한국어(UNIVERSITY INTERMEDIATE KOREAN)

글로벌엘리트 학부에 입학한 외국인 학생 중 한국어 기초 능력 (2급 이상)을 갖춘 학생들을 대상으로 한국어의 중급 어휘와 문법을 통해 일상생활에서의 의사표현이 가능하게 하며, 대학 생활 중에 발생할 수 있는 개인적 문제를 스스로 해결할 수 있는 한국어 능력을 배양한다.

GED1009 언어와사회(LANGUAGE AND SOCIETY)

글로벌엘리트 학부에 입학한 외국인 학생 중 한국어 기초 능력 (2급 이상)을 갖춘 학생들을 대상으로 한국 사회 안에서 자주 사용되는 한국어 표현들을 익히며 구어적 표현과 문어적 표현을 이해하고 상황에 따른 한국어 구사 능력을 키운다.

GED1010 한국문화의이해(UNDERSTANDING OF KOREAN CULTURE)

글로벌엘리트 학부에 입학한 외국인 학생 중 한국어 기초 능력 (2급 이상)을 갖춘 학생들을 대상으로 한국 문화와 관련된 기초적인 한국어 자료들을 듣고 읽으며 한국 문화에 대한 전반적인 이해도를 높이도록 한다.

GED2001 고급대학한국어(UNIVERSITY ADVANCED KOREAN)

글로벌엘리트 학부에 입학한 외국인 학생 중 일상생활에서 필요한 한국어 능력(3급 이상)을 갖춘 학생들을 대상으로 대학 생활 및 강의 수강을 위한 한국어 어휘와 문법을 학습하도록 하며, 사회적인 주제에 대해서도 이해하고 표현할 수 있도록 한다.

GED2002 한국사회의이해(UNDERSTANDING OF KOREAN CULTURE)

글로벌엘리트 학부에 입학한 외국인 학생 중 일상생활에서 필요한 한국어 능력(3급 이상)을 갖춘 학생들을 대상으로 한국 사회와 관련된 신문이나 잡지 등의 자료를 읽고 이해하며, 이에 대한 자신의 생각을 한국어로 표현할 수 있도록 한다.

GED2004 한국사회세미나(SEMINAR IN KOREAN SOCIETY)

글로벌엘리트 학부에 입학한 외국인 학생 중 중급 이상의 한국어 능력(4급 이상)을 갖춘 학생들을 대상으로 한국의 정치, 역사, 경제, 사회, 문화 등과 관련한 한국어 어휘 및 문법을 학습하도록 하며, 이를 활용한 발표와 토론을 통해 한국어 능력향상은 물론 한국 사회에 대한 이해도 높이도록 한다.

GED2004 글로벌사회문화(GLOBAL CULTURE AND SOCIETY)

글로벌엘리트 학부에 입학한 외국인 학생 중 중급 이상의 한국어 능력(4급 이상)을 갖춘 학생들을 대상으로 세계의 정치, 역사, 경제, 사회, 문화 등에 대한 강연, 뉴스, 신문 등의 한국어 자료를 듣고 읽으며 세계 사회에 대한 이해를 높이도록 하며, 동시에 한국어 자료 이해 능력도 높일 수 있도록 한다.

GED2005 시사영어 I (CURRENT ISSUES IN ENGLISH I)

시사영어 I은 글로벌엘리트 학부생을 위한 수업으로, 역사, 정치, 문화 등 현재 세계적 이슈를 분석하고 잠재적 해결책을 제시하는 것을 목표로 한다. 강의는 영어로 진행된다.

GED2006 시사영어 II (CURRENT ISSUES IN ENGLISH II)

시사영어 II은 글로벌엘리트 학부생을 위한 수업으로, 역사, 정치, 문화 등 현재 세계적 이슈를 분석하고 잠재적 해결책을 제시하는 것을 목표로 한다. 강의는 영어로 진행된다.

GED2007 비평적사고 I (CRITICAL THINKING I)

비평적인 사고를 위한 초급 1단계수업으로, 학생들은 귀납적 추론과 연역적 추론을 중심으로 복잡한 어문 논거를 창작하는 것을 목표로 한다. 강의는 영어로 진행된다.

GED2008 비평적사고 II (CRITICAL THINKING II)

비평적인 사고를 위한 초급 2단계수업으로, 학생들은 귀납적 추론과 연역적 추론을 중심으로 복잡한 어문 논거를 창작하는 것을 목표로 한다. 강의는 영어로 진행된다.

GED2009 비즈니스한국어(Business Korean)

경영학을 전공하고자 하는 한국어 능력 4급 이상의 외국인 학습자들이 한국어로 진행되는 전공 교과목의 내용을 더 쉽게 이해할 수 있도록 하는 데 목적이 있다. 강의를 통해 경영학에서 주로 활용되는 한국어를 학습하며 동시에 경영학에 대한 기초를 익히도록 한다.

GED2010 경영학의이해(INTRODUCTION TO BUSINESS ADMINISTRATION)

앞으로 국가와 사회와 조직을 이끌어갈 훌륭한 경영인으로서의 갖추어야 할 기본 소양을 배양하는 것을 목표로 한다. 또한 이후의 경영학 전공과목을 공부하기에 앞서서 경영자로서 국가, 사회, 조직과 자기 자신을 이끌어가는데 요구되는 훌륭한 경영자가 되는데 필요한 경영 마음가짐(Management Mind)을 갖추도록 하는데 학습목표를 두고 있다.

GED3001 비교문화세미나 I (CROSS CULTURAL SEMINAR I)

이 수업은 동아시아 국가들과 나머지 국가들 사이의 정치, 경제, 문화 관계를 탐구하는 데 초점을 맞춘 고급 토론식 1단계 수업으로, 해외 영어권 대학교에서 학습하기를 원하는 글로벌엘리트학부 학생들을 위한 준비과정이며, 강의는 영어로 진행된다.

GED3002 비교문화세미나Ⅱ(CROSS CULTURAL SEMINARⅡ)
이 수업은 동아시아 국가들과 나머지 국가들 사이의 정치, 경제, 문화 관계를 탐구하는 데 초점을 맞춘 고급 토론식 2단계 수업으로, 해외 영어권 대학교에서 학습하기를 원하는 글로벌엘리트학부 학생들을 위한 준비과정이며, 강의는 영어로 진행된다.

GED3003 프리젠테이션스킬Ⅰ(PRESENTATION SKILLⅠ)
국제사회의 청중들에게 학생들 스스로 자신의 생각을 논리적이고 설득력 있게 발표할 수 있도록 하는 고급 토론식 1단계 수업으로, 해외 영어권 대학교에서 학습하기를 원하는 글로벌엘리트학부 학생들을 위한 준비과정이며, 강의는 영어로 진행된다.

GED3004 프리젠테이션스킬Ⅱ(PRESENTATION SKILLⅡ)
국제사회의 청중들에게 학생들 스스로 자신의 생각을 논리적이고 설득력 있게 발표할 수 있도록 하는 고급 토론식 2단계 수업으로, 해외 영어권 대학교에서 학습하기를 원하는 글로벌엘리트학부 학생들을 위한 준비과정이며, 강의는 영어로 진행된다.

GED3005 한국 문화 콘텐츠의 이해(UNDERSTIANDING OF KOREAN CULTURE CONTENTS)
한국 근현대 시기 문화의 내용과 그 특징을 이해하고, 이를 대표하는 콘텐츠의 의미와 발전흐름을 살펴본다.

GED3006 한국문화의 이해와 동아시아의 교류(COMPREHENSION OF KOREAN CULTURE AND RELATIONIN EAST ASIA)

대학에서 처음으로 한국의 역사와 문화를 배우는 학생들을 위한 과목으로 한국사의 주체성과 전통을 중심으로 한국문화의 전반적 흐름과, 한국의 문화와 전통이 사회 내부에서만 일어난 것이 아니라 주변 동아시아 각국과의 정치, 문화, 교역등에서 상호 교류와 영향을 통해서 발전해 왔다는 사실을 이해한다. 외국에서 진학한 학생들을 위해 영어, 중국어, 일본어, 한국어로 번역된 공통교재를 선택하여 이해를 돕도록 한다.

한국어문장연구(STUDIES IN KOREAN SYNTAX)

한국어의 다양한 문장 유형에 대해 배운다.

비즈니스컴퓨팅(1)(BUSINESS COMPUTING(1)) 스프레드시트 패키지의 고급 응용기능을 습득하고, 4세대 프로그래밍 언어를 통해 컴퓨터 프로그래밍 지식을 심도 있게 익힌다.

문화콘텐츠의이해(UNDERSTIANDING OF CULTURE CONTENTS)

21세기 지식기반 경제의 핵심으로 자리 잡고 있는 문화콘텐츠에 대한 전반적인 현황과 구조를 이해하고, 발전 방향을 예측해보는 강좌다. 문화콘텐츠의 개요, 분류, 필요성과 효과, 한국 문화콘텐츠의 실상, 문화콘텐츠 정책과 경영 전략 등의기초적인 지식과 문화콘텐츠의 토대가 되는 인문학적 상상력의 접목 방안, 문화콘텐츠를 통한 인문학과 경영학 그리고 공학의 통합 가능성과 구체적인 방안 등을 학습한다. 문화콘텐츠 전반에 대한 기본적인 이해를 마련하는 강좌다. 문화콘텐츠에 관심 있는 학습자라면 반드시 들어야만 하는 가장 기본적이면서도 문화콘텐츠 전반에 대한 중심을 잡아줄 수 있는 강좌다.

창의적 사고와 비판적 글쓰기(CRITICAL WRITING AND SPEAKING)
다양한 논쟁과 토론 주제를 중심으로 창의적 사고 능력을 배양하고, 동시에 비판적 글쓰기를 통해 자신의 관점을 확장하는 것을 목표로 한다.

서사와 스토리텔링(CREATIVE THINKING AND CRITICAL WRITING)
기존 콘텐츠의 서사 구조를 파악하는 동시에 문화콘텐츠의 핵심인 스토리텔링 능력을 함양한다.

한국영화의 이해(UNDERSTIANDING MOVIES)
영화는 대중예술의 매체이면서 오늘날 모든 사람들에게 필요한 생활의 일부분이 되었다. 따라서 영화를 이해한다는 것은 매체가 가지고 있는 특수성, 특히 영화가 가지고 있는 예술양식으로서의 이해가 중요하게 대두되고있다. 본 과목은 이러한 목적에 부합하도록 한국 영화의 형식, 영화의 표현양식, 영화의 발전 과정에 대하여 강의한다.

재무회계원리(PRINCIPLES OF FINANCIAL ACCOUNTING)

재무회계의 기본개념, 기능 및 장부조직에 대한 원리를 이해시키고 재무제표 작성에 필요한 회계절차와 원칙을 습득하여 이를 적용할 수 있게 한다.

비판적 글쓰기와 말하기(CRITICAL WRITING AND SPEAKING)

논쟁과 토론의 중심에 놓여 있는 다양한 철학적 주제들에 대한 비판적 에세이를 쓰고 상호 토론을 진행한다.

한국어문법(GRAMMAR OF KOREAN LANGUAGE)

근현대 시기의 한국어학자들의 문법이론을 탐구함으로써, 한국인의 언어관과 언어 사상을 이해한다.

창업론(ENTREPRENEURSHIP)

본 강좌는 창겁과 기업가정신에 대한 소개강좌이다. 본 강좌의 주요내용은 다음과 같다. (1)기업가의 본질 (2)성공한 기업가 사례 연구(3)기업가의 기능(4)창업기회(5)창의성과 창업기회포착(6) 정보와 지식(7)벤처팀

경영통계(BUSINESS STATSTICS)

경영학에 필요한 여러 가지 통계이론 및 응용기법 등을 익히고, 실제적인 경영문제 해결에 적용한다.

계량경영학(QUANTITATIVE BUSINESS ANALYSIS)

수학적 확률원리를 이용하여 경영관리 문제를 해결하는 기법을 설명하고 이를 의사결정 과정에 활용하는 과제를 연구한다.

동서양 신화와 콘텐츠(THE MYTH AND CULTURAL CONTENT)

이 수업은 동서양 대표 신화의 주요 내용에 대한 기본적 이해를 통해 문화콘텐츠에 드러나는 인문학적 가치를 파악하고 가치 있는 문화콘텐츠 생산의 토대를 마련하고자 한다.

동서양텍스트와 콘텐츠(THE CLASSICAL TEXT AND CULTURAL CONTENT)

이 수업은 동서양 대표 고전 텍스트의 주요 내용에 대한 기본적 이해를 통해 문화콘텐츠에 드러나는 인문학적 가치를 파악하고 가치 있는 문화콘텐츠 생산의 토대를 마련하고자 한다.

대중문화와 문화콘텐츠(POPULAR CULTURE AND CULTURAL CONTENT)

현대 사회에서의 대중문화는 문화콘텐츠 생산의 근거이자 결과물로서, 이 수업은 문화콘텐츠 개발 과정에서 대중문화 전반에 대한 이해를 통해 성공적 문화콘텐츠 개발의 토대를 마련하는 것을 목표로 한다.

한국철학사(KOREAN PHILOSOPHY)

한국철학의 흐름을 시대별로 개관하고 주요 철학적 논쟁들을 살펴봄으로써 한국철학 고유의 방법론과 문화적 비전을 이해한다.

문화철학(CULTURE PHILOSOPHY)

'문화' 개념의 기원과 의미, 문화의 본질과 기능에 관한 현대의 해석들과 이론적 쟁점들을 이해하고, 한류를 포함한 다양한 한국적 문화현상들을 문화철학적 시각에서 바라볼 수 있는 안목을 기른다.

현대한국의정치와사회(THE POLITICAL HISTORY OF MODERN KOREA)

식민지, 분단, 독재, 산업화, 민주화로 이어지는 한국근현대사의 중요 정치사건을 검토하고, 그를 통해 한국현대정치사와 한국사회의 정치사회구조를 살펴보는 과목이다.

고전문학사(THE HISTORY CLASSICAL LITERATURE)

고전 문학 각 장르의 생성, 전개와 그 장르가 가지는 독특한 성격을 대표적인 작품을 통해 파악한다.

한국대중문화연구(KOREAN SEMINAR ON MASS CULTURE)

한국현대사회에 있어 중요한 현상의 하나인 대중문화를 사회적으로 파악하는 능력을 배양하는 동시에 대중문화에 관한 이론을 심화학습한다.

조직행동론(ORGANIZATIONAL BEHAVIOR)

집단 및 조직 내에서의 인간의 행동을 설명하는 이론적 및 실증적 배경에 대한 설명과 그 행동에 영향을 주는 환경적, 구조적, 대인관계적 요인을 분석한다.

마케팅(MARKETING)

현대의 경영과 마케팅 기능, 마케팅 개념과 시스템 시장구조, 유통구조, 소비자 기호, 경영관계 분석, 경기변동 등 마케팅 환경을 연구한다.

e-비즈니스 (E-BUSINESS)

급속도로 발전하는 전자상거래를 B2C, B2B, 광고, 경매 및 입찰, 사이버 금융, 물류, 에이전트, 전자지불 및 보안 등 분야별로 현황을 분석하고 향후 전망을 살펴본다.

서비스경영(Service Management)

이 수업을 통해서 학생들은 다음과 같은 서비스 경영 분야의 이슈에 대한 이해를 증진하고 이러한 이슈를성공적으로 경영해 나가는 능력을 습득하게 된다. - 서비스의 개념과 경제적 역할, 서비스의 개념과 특성, 서비스경제의 위치와 역할, 서비스 전략과 경쟁우위, 서비스 경쟁전략의 개념과 유형, 서비스의 전략적 구조, 서비스

기업의 운영전략, 서비스 운영관리 시스템, 서비스 설비 관리, 서비스 수요와 공급 관리, 서비스 품질 관리, 서비스인적자원 관리, 서비스 성과 측정 등.

예술철학(PHILOSOPHY OF ART)

예술철학의 다양한 문제들을 화론과 악론, 마음과 수양 등의 주제어들을 중심으로 살펴본다.

경영정보시스템(MANAGEMENT INFORMATION SYSTEMS)

미래의 경영자가 될 학생들에게 효율적으로 기업을 운영하고, 의사결정자에게 적절한 정보를 적시에 제공하는 정보기술과 경영정보시스템 관련 제반 지식을 제공하며, 보다 구체적으로는 정보기술을 기반으로 하는 경영정보시스템의 개념과기반 이론을 살펴보고, 이를 통해서 기업의 경쟁우위를 확보한 다양한 사례를 탐색한다.

경영혁신론 (BUSINESS INNOVATION THEORY)

최신의 경영패러다임과 경영이론들을 경영혁신을 목적으로 하는 전략적 관점에서 연구한다.

금융시장론 (FINANCIAL MARKETS)

금융시장의 종류 및 기능을 학습하고 각종 금융상품과 금융기관에 대해서도 연구한다.

기업금융론 (CORPORATE FINANCE AND ECONOMICS)

먼저 기업의 자본구조가 가지는 경제적 특성을 이해한다. 이와 관련하여 자기자본 및 부채 구조에 대한 이론적체계를 제공한다. 또한 자기자본 조달과 관련된 실증적 특성을 파악하고 이에 대한 이론적 설명체계를 제공한다. 나아가, 주인-대리인 문제 및 메커니즘 디자인과 같은 경제학적 개념이 기업금융상의 특성을 이해하는 데 어떻게 적용될 수 있는지를 이해한다.

유통경로론(DISTRIBUTION CHANNEL ANALYSIS)

마케팅 목표달성을 위한 유통경로시스템의 설계와 그 운영관리에 초점을 맞추며, 나아가 최근의 국내외유통환경의 변화와 새로운 유통구조의 혁신에 대해서도 심층 분석한다.

인사관리(MANAGEMENT)

인적 자원관리의 방법들을 인력획득, 인력개발 및 교육, 동기부여, 인력 유지 등의 과정들로 나누어 이해하고 학습한다.

투자론(INVESTMENT THEORY)

현대투자이론의 기초개념을 소개하고 이의 실제적 유용성을 논의한다. 포트폴리오이론, 자본시장이론, 금융공학이론을 포함하여 증권시장의 역할과 기능 및 형태가 다루어진다. 증권시장 상품인 주식, 채권, 선물, 옵션 등에 대한 투자분석이 토의된다.

관리회계원리 (PRINCIPLES OF MANAGERIAL ACCOUNTING)

관리회계의 기본개념을 이해함으로써 경영의사결정에 유용한 회계정보를 작성하고 활용하는 능력을 습득하게 한다.

운영관리 (OPERATIONS MANAGEMENT)

생산시스템의 설계, 운영 및 통제에 관련된 기본개념을 습득시키고 시장수요요건에 대한 생산능력의 적합을 위한생산계획, 재고관리, 품질관리 및 표준설정 등 기초능력의 분석과 그 이용기법을 연구한다.

한류문화의 기원과 발전(THE ORIGIN AND DEVELOPMENT OF HALLYU)

현대사회에서 전세계적 문화흐름으로 자리 잡은 한류문화의 기원과 특징 및 발전 흐름을 이해함으로써, 한국 문화콘텐츠의 내용 개발 및 적용을 이해한다.

게임문화와 산업(GAME CULTURE AND INDESTRY)

게임의 역사와 원리 및 다양한 게임의 종류 및 현황을 이해하는 동시에 게임 운영의 메커니즘 전반을 학습함으로써, 문화콘텐츠 기반의 새로운 게임 캐릭터 및 내용을 개발을 도모한다.

공연예술의 이해(UNDERSTANDING OF PERFORMING ARTS)

공연예술 운영의 전반적인 과정과 특징을 이해하고, 기본적인 공연예술 기획 능력을 함양하는 것을 목표로 한다.

출판문화의 이해(UNDERATANDING OF PUBLICATION CULTURE)

출판문화 운영의 전반적인 과정과 내용을 습득함으로써, 현재 수요에 걸맞는 새로운 출판문화의 설계와 기획에 관한 능력을 함양한다.

재무관리(FINANCIAL MANAGEMENT)

기업의 재무 의사 결정과 관련된 이론과 실제를 다루는 기초과목이다. 재무의사결정의 중요성, 현금흐름의 현재가치, 자본예산 및 투자안의 평가 등이 포함된다.

경영전략(BUSINESS STRATEGY)

경영학의 주요 부문(생산, 배급, 금융, 인사, 회계)에 관한 분석 및 의사결정 방법을 가르친다. 1)고위경영자의 기업운영 2) 기업의 단기 및 장기정책 3)기업의 각종 통제방법 4)기업의 제반 행정문제 5)기업활동의 평가 및 장기계획 등을 강의와 사례연구방법으로 배운다.

국제마케팅(INTERNATIONAL MARKETING)

국제기업의 마케팅 활동을 대상으로 하여 환경의 이해와 마케팅 전략의 개발을 중심적으로 다룬다. 범세계적차원에서 경제, 정치,

법, 사회 문화적 환경을 공부한 후에 그에 대한 마케팅 전략의 수립 절차를 소개한다.

사회적기업과혁신(SOCIAL ENTERPRISE AND INNOVATION)

사회적 기업가와 비즈니스 모델, 사회적 기업의 확장과 성장을 위한 자본조달, 환경경영/지속가능경영을 위한 금융재무투자모델 등을 연구함으로써 사회적 책임과 윤리적 Integrity를 갖춘 경영리더에게 사회적 가치와 경제적 가치 그리고 환경적 가치를 동시에 추구하는 새로운 사회적 혁신을 리드해나갈 비전과 열정과 방법론을 제공하는 것을 목적으로 한다.

전략정보시스템 (STRATEGIC INFORMATION SYSTEM)

정보시스템의 전략적 활용에 관한 사례를 분석하고 정보시스템을 전략적으로 활용할 수 있는 기회를 포착하고 계획할 수 있는 전략정보시스템 개발 방법론을 비교 분석한다.

창조윤리경영특강 (TOPICS IN CREATIVE ETHICAL BUSINESS)

윤리경영의 기본 개념을 이해하는 것을 목표로, 이를 위해 실제 현업에서 대표적으로 윤리 경영을 실천하고 있는 기업의 경영자들을 초청하여 국내외의 윤리경영의 현황을 살펴보고, 각 기업인들의 윤리 경영에 대한 기본 사상을 배우도록 한다.

기술경영(TECHNOLOGY MANGEMENT)

기술의 경영적 개념을 토대로 거시적 및 미시적 관리개념과 방법을 연구한다. 국가적 차원의 기술개발정책, 산업정책과 기술정책의 연계성, 개별기업 차원의 기술개발전략과 연구개발의 조직적 관리적 문제를 분석한다.

문화기획실무론 (WORKING THEORY OF CULTURE PLANNING)

문화연구와 문화이론에 대한 이해를 바탕으로, 문화콘텐츠 프로그램 개발 및 문화생산 과정을 조직화하며 문화연구와 문화산업을 활성화하는 문화기획을 실천적으로 접근한다.

공연예술기획과 실습(PERFORMING ARTS PLANNING AND PRACTICE)

문화콘텐츠의 토대로서 영화, 연극, 애니메이션, 대중음악 및 미술 등의 문화예술의 현장을 체험함으로써 학습자의 문화적 역량을 강화한다.

축제전시기획과 실습(FESTIVAL DISPLAY PLANNING AND PRACTICE)

문화 이벤트로서의 축제전시 내용과 운영방식에 대한 이해를 바탕으로, 축제전시 기획과 운영에 대한 이해와 실무능력을 함양한다.

출판기획과 실습(PUBLISHING PLAN AND PRACTICE)

출판기획의 내용과 운영에 대한 기본적 이해르 바탕으로 다양한 출판 방식에 대한 실질적 접근과 실습을 진행한다.

게임기획론 (UNDERSTANDING OF GAME PLANNING)

실제 게임 기획을 위한 게임에 관한 기본적인 이론과 실무를 학습한다. 이를 위해 게임이론, 게임의 실질적 분석과 설계, 아이디어 발상 등 기획에 필요한 기본 지식을 습득한다.

■ Study Abroad at Yonsei (SAY)

연세대학교의 교환/방문 학생 프로그램은 서울의 중심부에 위치한 한국 최고의 대학에서 1년 또는 한 학기 동안 공부할 계획인 학생들에게 기회를 제공한다. 또한 유학생들은 학업 우수성을 획득하는 것 외에도 아름답고 문화적으로 풍부한 환경 속에서 다양한 동아리와 유학생을 위한 활동을 통해 특별한 추억을 공유하고 한국 문화를 체험할 수 있다.

■ International Summer School (YISS)

국제 여름 학교(YISS)

연세국제여름학교(YISS)가 한국 서울 한복판에 있는 세계 일류 대학 중 한 곳에서 수강할 학생들을 초청한다. YISS는 6주 동안 연세대와 전 세계 명문대학의 우수한 교수진이 가르치는 100개 이상의 강좌를 선택할 수 있다. YISS 프로그램을 통해 학생들은 다음과 같은 기회를 갖게 될 것이다. 첫째, 신용에 관한 요구사항을 본인의 해당 주택기관으로 이전할 수 있다. 둘째, 아시아에서 가장 크고 흥미로운 도시의 문화를 경험할 수 있다. 셋째, 직업 전망을 향상시킬 수 있다. 마지막으로 넷째, 15,300명의 YISS 동문들로 구성된 글로벌 네트워크를 이용할 수 있다.

■ Winter Abroad at Yonsei (WAY)

연세대학교는 2019~2020년 서울에서 겨울을 즐기고 싶은 유학생들을 위해 신촌 캠퍼스에서 5주간의 겨울 프로그램을 제공한다. 겨울프로그램은 두 개의 별도 세션으로 구성되어 있다. 1세션은 다양한 강좌로 학업성취도를 중심으로 3주간 진행되는 프로그램이다. 2세션은 한국사회와 관련된 문화역사 강의와 함께 한국어 집중강좌가 개설되어 2주간 진행하게 된다. 주말에는 참가자들이 한국의 특별한 겨울 활동을 즐길 수 있다.

참/고/문/헌

• 강지영, "Tyler의 교육과정이론과 장상호의 교육본위론 비교 연구", 숙명여자대학교 대학원 석사학위논문, 2007.

• 강현석 외, 「거꾸로 생각하는 교육과정 개발」, 서울: 학지사, 2008.

• 교육부, 「2016년도 국내 외국인 유학생 통계」, 2016.

• 교육부, 「2014년도 국내 외국인 유학생 통계」, 2014.

• 김경자 · 온정덕, 「이해중심 교육과정: 백워드 설계」, 서울: 교육아카데미, 2014.

• 김경훤, "외국인 유학생을 위한 한국어 집중학습 과정- 성균관대학교 사례를 중심으로", 교양교육연구 8-6, 한국교양교육학회, 2014, 169-196쪽.

• 김선주, "초등교사의 '이해' 중심 사회과 수업 설계에 관한 인식 연구", 이화여자대학교 대학원 석사학위논문, 2010.

• 김유미 · 강현화, "학문 목적 학습자를 위한 학술 전문어휘 선정 연구:한국어 · 문학, 경영학, 컴퓨터공학 전공을 대상으로", 한국어교육 19권 3호, 국제한국어교육학회, 2008, 89-112쪽.

• 김정숙, "학문적 목적의 한국어 교육과정 설계를 위한 기초 연구: 대학 진학생을 위한 교육과정을 중심으로", 한국어교육 11권 2호, 국제한국어교육학회, 2000, 1-19쪽.

• 김지영 · 김정숙, "대학의 외국인 유학생을 위한 교양 교육으

로서의 한국어 쓰기 교육과정 개발을 위한 기초 연구: 쓰기 교재 개발 원리에 의한 교재 분석을 중심으로", 이중언어학 58권, 이중언어학회, 2015, 1-31쪽.

- 김지형, "학문 목적 한국어 교육의 체계와 내용", 영주어문 25권, 영주어문학회, 2013, 75-106쪽.
- 김지훈 · 이민경, 외국인 유학생들의 한국유학 동기와 경험연구: 서울 A대학 석사 과정 학생들의 내러티브를 중심으로, 동아연구 61권, 서강대학교 동아연구소, 2011, 73-101쪽.
- 동국대학교, 『2017학년도 교과과정』, 동국대학교, 2017
- 문효진, "국내 외국인 유학생의 한류 인식과 한류콘텐츠 만족도 및 제품 선호도, 국가 호감도 관계 연구", 광고연구 100, 한국광고홍보학회, 2014, 142-171쪽.
- 민진영, "외국인 유학생의 대학원 학업 적응에 관한 내러티브 연구" 연세대학교 대학원 박사학위논문, 2013.
- 박동호, "학문 목적 한국어교육의 시행 현황과 내용", 제11회 한국어교육 학술대회 자료집, 연세대학교 언어연구교육원, 2015, 3-9쪽.
- 박석준, "국내 대학의 학문 목적 한국어교육 현황 분석 입학 후 과정을 중심으로-", 한국어교육 19권 3호, 국제한국어교육학회, 2008, 169-200쪽.
- 박석준, "학문 목적 한국어교육의 교육과정", 제11회 한국어교육 학술대회자료집, 연세대학교 언어연구교육원, 2015, 13-33쪽.

- 박성일 · 민용성, "후기 구조주의와 도가(道家)사상의 교육적 함의: 학습자 중심 교육에 대한 성찰", 학습자중심교과교육연구 16-10, 학습자중심교과교육학회, 861-877쪽.
- 박일수, "이해중심 교육과정 통합의 가능성 모색: 백워드 설계 모형(backward design)을 중심으로", 통합교육과정연구 8-2, 한국통합교육과정학회, 2014, 1-23쪽.
- 성균관대학교 학부대학, 『21세기 교양교육의 새지평』, 성균관대학교, 2017.
- 신경희, 「교육과정의 이해」, 서울: 학지사, 2014.
- 신준우 · 권장우 · 이중만, "외국인 인재 유치 및 활용을 위한 정책 모형 연구 고등교육기관을 중심으로", 한국콘텐츠학회논문지, 10권 3호, 2010, 423-435쪽.
- 신창호, 「교육이란 무엇인가?」, 서울 : 동문사, 2012.
- 심혜용, "대학 내 공중의 구전 커뮤니케이션에 영향을 미치는 요인에 관한 연구 : 대학 이미지, 대학 내 커뮤니케이션 활동, 개인구전성향", 한양대학교 대학원 석사학위논문, 2006.
- 약산훈리(若山薰里), "일본의 외국인유학생 정책 : 활용과 개선 방안을 중심으로", 인하대학교 대학원 석사학위논문, 2014, 1-75쪽.
- 오만록, 「교육과정론」, 서울: 동문사, 2010.
- 우한용, "문학교육의 학제적 접근 : 문학교육 연구의 학제적 연계성 -문학교육에 대한 차라투스트라 풍의 에세이", 문학교육학 37, 한국문학교육학회, 2012, 1-23쪽.

• 원진숙, "대학생들의 학술적 글쓰기 능력 신장을 위한 작문 교육 방법", 어문논집 51집, 민족어문학회, 2005, 55-86쪽.

• 유광수·이보경·최강식·김도양·김태훈·장수철, "Residential College 교육환경에서 Residential Assistants의 역할과 전망: 연세대학교(2014학년 1학기) RA 운영과 결과를 중심으로", 교양교육연구, 교양교육학회 12-8, 2014, 39-60쪽.

• 유백열, "외국인 유학생을 위한 기초교양과목 개설 방안 연구", 한양대학교 대학원 석사학위논문, 2014.

• 유승금, "학문 목적 한국어의 교육과정 개발 연구; 학점 이수 과정을 중심으로", 국제한국어교육학회 24차 학술대회 자료집, 국제한국어교육학회, 2005, 61-82쪽.

• 유찬우, "성격강점이 외국인유학생의 문화적응 및 대학생활적응에 미치는 영향", 고려대학교 대학원 석사학위논문, 2011.

• 이병기, "백워드 설계 모형을 적용한 '도서관과 정보생활' 교과의 교수설계에 관한 연구", 한국비블리아학회지 22-3, 한국비블리아학회, 2011, 5-24쪽.

• 이복자, "목표어 사회에서의 언어적 상호작용이 학습자의화용 이해에 미치는 영향 - 거절 화행과 함축 의견 이해를 중심으로-", 언어와 문화 10-2, 한국언어문화교육학회, 2014, 111-141쪽.

• 이유경·박현진·이선영·장미정·노정은·류선숙, "외국인 학부생 대상 대학 글쓰기 과목의 교재 개발을 위한 기초 연구", 한국어교육 27권4호, 국제한국어교육학회, 2016, 155-

188쪽.

• 이준호, "대학 수학 목적의 쓰기 교육을 위한 교수 요목 설계: 보고서 쓰기 교육을 중심으로", 고려대학교 교육대학원 석사학위논문, 2005.

• 이지은, "백워드 설계 모형을 적용한 이해중심 교육과정 개발", 경북대학교 대학원 박사학위논문, 2011.

• 이혜경, "초등학교 영어 사이버 가정학습 운영을 통한 상호작용성 증진 효과 연구", 한국교원대학교 대학원 석사학위논문, 2008.

• 이해영, "학문 목적 한국어 교과과정 설계 연구", 한국어교육 15권 1호, 국제한국어교육학회, 2004, 137-164쪽.

• 임석준, "외국인 노동자인가, 유학생인가", 21세기정치학회보, 20권 3호, 2010, 55-77쪽.

• 장미정, "학문 목적 한국어 쓰기 지식 연구", 고려대학교 대학원 박사학위논문, 2016

• 정희모, "대학 글쓰기의 교육 목표와 글쓰기 교재", 대학작문 1권, 대학작문학회, 2010, 41-68쪽.

• 조수현, "부산·경남지역 외국인 유학생의 대학서비스와 대학생활 적응에 관한 연구", 인제대학교 대학원 석사학위논문, 2010.

• 최영인, "학습자중심교육의 의미에 대한 현직 국어 교사들의 인식", 국어교육학연구, 43, 국어교육학회, 2012, 523-561쪽.

• 최은지, "고급 한국어 학습자들의 담화통합 쓰기 양상", 이중

언어학 49권, 이중언어학회, 2012, 381-410쪽.

• 최은지, "사회적 구성주의에 기반한 학문 목적 한국어 작문 교육 연구", 고려대학교 대학원 박사학위논문, 2009.

• 최정순, "학문 목적 한국어 교육의 교육과정과 평가", 이중언어학 31권, 이중언어학회, 2006, 277-313쪽.

• 최정순 · 송향근 · 박석준, 「해외인적자원 유치 확대 및 활용을 위한 유학생 지원전담기구 설립방안연구, 교육인적자원부」, 2007.

• 하연섭 · 이주헌 · 신가희, "외국인 유학생 유치의 경제적 효과 추정", 교육재정경제연구 24-3, 한국교육재정경제학회, 2015, 89-112쪽.

• 하정희, "중국 유학생의 대학 생활 적응에 대한 질적 연구", 한국심리학회지 상담 및 심리치료, 20권 2호, 한국심리학회, 2008, 473-496쪽,

• 허재영, "대학 글쓰기 교과의 운영 방식과 교재 개발 실태", 한말연구 25권, 한말연구학회, 2009b, 345-374쪽.

• 허재영, "대학 작문교육의 역사와 새로운 방향", 어문학 104권, 한국어문학회, 2009a, 1-26쪽.

• 허형 · 김재복 · 김진규 · 최철용, 『한국의 교육과정 평가모형 개발 연구』, 서울: 국립교육평가원, 1996.

• Baker, Robert W. & Siryk, Bohdan, "Measuring adjustment to college", journal of Counseling Psychology, 31, 1989, 179-189쪽.

- Brady, C., 「curriculum development」, New York: Prentice-Hall, 1992.
- Bruner, J., 「The Process of education」, New York: Viking, 1960.
- Dewey, J., 「Democracy and education」, 김성숙 · 이귀학 역 (「민주주의와 교육/철학의 개조」, 서울: 동서문화사, 2011), 1916.
- Dewey, J., 「Experience and education」, New York: Macmillan, 1938.
- Dewey, J., 「How we think」, Chicago: Henry Regnery Company, 1933.
- Dewey, J., 「How we think」, 정회욱 역, 「하우 위 싱크: 과학적 사고의 방법과 교육」, 서울: 학이시습, 2011」, 1933.
- Eisner, E. W. & Vallance, E, 「Conflicting Conceptions of Curriculum」, Berkeley, California: McCutchan, 1974
- Gagn , E.「The cognitive psychology of school learning」, Boston: Little, Brown and company, 1985.
- Goodrich, H., "Understanding rubric", Educational Leadership, 54(4), 1996-97, 14-17쪽.
- Habermas, J., 「Knowledge and Human Interests」, trans by J. J. Shapiro, Boston: Beacon Press, 1971.
- Hunkins, F, P., 「Curriculum Development: Program Improvement」, A Bell & Howell Co, 1980.

- McTighe, J. and R. Thomas., "Backward Design for Forward Action" Educational Leadership, 60(5), 2003, 52-55쪽.

- Montgomery, K., "Classroom rubrics: Systemizing what teachers do naturally", The Clearing House, 73, 2000, 324-328쪽.

- OECD, 「Education at a Glance」, Paris: OECD, 2014.

- Peter F. Oliva, 「Developing the Curriculum」, 7th Edition, Prentice Hall, 2008.

- Piner. W.「Curriculum Theorizing: The Reconceptualists」, Berkeley, CA: McCutchan, 1975

- Ryan Mark,"Residential Colleges: A legacy of living and learning together", Change Vol. 27, 1992, 13~25쪽.

- Saylor, J. G., & Alexander, W. M., 「Planning Curriculum for schools」, New York: Holt, Rinehart and Winston, 1974

- Sherry, Mark & Thomas, Peter & Wing Hong Chui, "International Students: Vulnerable Students population", Higher Education 60, 2010, p.33-46

- Skilbeck, M., 「School-based Curriculum Development and Teacher Education」, Mimeograph, OECD, 1976.

- Skilbeck, 「School-based curriculum development and teacher education policy」, London: Harper&Row, 1984.

- Taba, H,, 「Curriculum Development: Theory and Practice」, New York: Harcourt, Brace & Jovanovich., 1962.

- Tyler, R., 「Basic principles of curriculum and instruction」, 진영은 역(「Tyler의 교육과정과 수업지도의 기본원리」, 파주: 양서원, 2010), 1949.
- W. James Popham & Eva L. Baker, 「Establishing Instructional Goals」, Prentice-Hall, 1970.
- Wiggins, G & McTighe, 「Understanding by Design」, 2nd Ed, Alexandria, Virginia: Association for Supervision and Curriculum Development, 2005.

찾/아/보/기

Baker · · · · · · · · · · · · · 84

Bruner · · · · · · · · · · · · · 58

CEO · · · · · · · · · · · · · · 174

Cronbach's α · · · · · · · · · · 86

Habermas · · · · · · · · · · · 51

Hunkins · · · · · · · · 51, 53, 63

Hunkins의 교육과정 설계 모형 51, 52

Hunkins의 모형 · · · · · · 61, 176

K-POP · · · · · · · · · · · · 132

McTighe · · · 58, 60, 61, 63, 168

OECD · · · · · · · · · · · · · 18

Oliva · · · · · · · · · 51, 57, 63

Oliva의 교육과정 설계 모형 · · 55, 56

Oliva의 모형 · · · · · · · · 61, 176

RA(Residential Assistants) · · · 38

RC · · · · · · · · · · · · 73, 164

RM(Residential Master) · · · · 38

Robert · · · · · · · · · · · · 84

SACQ · · · · · · · · · · · · · 84

Skilbeck · · · · · · · · · 53, 63

Skilbeck의 교육과정 설계 모형 · · 54

Skilbeck의 모형 · · · · · · 61, 176

Tyler · · · · · · · · 49, 50, 53, 63

Tyler의 교육과정 설계 모형 · · · · 50

Tyler의 모형 · · · · · · · 61, 176

Wiggins · · · · 58, 60, 61, 63, 168

Wiggins와 McTighe · · · · · · 176

Wiggins와 McTighe의 모형 61, 176

Wiggins와 McTighe의 백워드 교육과

정 설계 모형 · · · · · · · · · 59

각급학교 · · · · · · · · · · · 155

감정적 · · · · · · · · · · · · 60

강의 평가 · · · · · · · · · · · 114

개념과 원리 · · · · · · · · · · 58

개별성 · · · · · · · · · · · · 165

개별학교 · · · · · · · · · · · 155

개별화 수업 · · · · · · · · · · 68

개설 강의 · · · · · · · · · · · 122

개인변인 · · · · · · · · · · · 83

거주기간 · · · · · · · · · · · 82

거주지 · · · · · 82, 83, 138, 145

거주형 · · · · · · · · 38, 40, 158

경영 · · · · · · · · · · · · · 103

경제 · · · · · · · · · · · · · 122

경제적 혜택 · · · · · · · · · 88

경제적 활동 · · · · · · · · · 180

경험 · · · · · · · · · · 145

경희대학교 · · · · · · · · · 33

고등교육기관 · · · · · 29, 106, 108

고려대학교 · · · · · · · · · 33

고연령층 · · · · · · · · · 18

공감 · · · · · · · · · 60

공학 · · · · · · · · · 33

과외활동 · · · · · · · · · 84

관계 · 31, 40, 41, 63, 105, 176, 177

관계 형성 · · · · · · · 98, 101, 166

관리방법 · · · · · · · · · 53

교과 · · · · · · · · · 50, 55

교과교육과정 · · · · · · · · · 172

교과의 구조 · · · · · · · · · 58

교류 · · · · · · · · · 135

교사 · · · · · · · · · 50, 63

교사의 능력 · · · · · · · · · 58

교수 · 학습 목표 설정 · · · · · 65

교양 · · · · · · · · · 161

교양과정 · · · · · · 36, 72, 159

교양인 · · · · · · · · · 160

교육 공간 · · · · · · · · · 48

교육과정 · · · · · 53, 109, 114

교육과정 목적 · · · · · · · · 154

교육과정 설계 · · · · · · 24, 186

교육과정 설계 모형 · · 22, 49, 154

교육과정의 영역별 분리 · · · · · 38

교육과정의 유지 · · · · · · · · 53

교육과정 평가 · · · · · · · · 57

교육과정 평가의 모형 · · · · · 76

교육기본법 · · · · · · · · · 156

교육내용 · · · · · · · · · 69

교육 만족도 · · · · · · · · · 29

교육만족도 · · · 24, 83, 84, 90, 95,
102, 138, 140, 142, 143, 145,
148

교육목적 · · · · 57, 69, 155, 158

교육목표 · · · · · 57, 69, 158

교육 운영 · · · · · · · · · 18

교육의 목적 · · · · · · · · · 56

교육의 연속성 · · · · · · · · 41

교육의 질 · · · · 40, 41, 45, 176

교육철학 · · · · · · · · · 50

교육청 · · · · · · · · · 155

교육학적 의의 · · · · · · · · · 63

교육 환경 · · · · · · · · · 24

교육환경 · · · · · · · · 76, 102

구조화 · · · · · · · · · 57

국가 · · · 122, 138, 155, 168, 170

국가별 · · · · · · · · 177

국가수준 · · · · · · · · 59, 164

국내 외국인 유학생 현황 · · · · · 19

국어 교육 · · · · · · · · 71

국적 · · · · · · · · 83, 138

규범적 요구 · · · · · · · · 69

균형성 · · · · · · · · 71

균형적 · · · · · · · · 72

글로벌 · · · · · · · · 164

글로벌 사회 · · · · · · · · 169

글로벌 시대 · · · · · · · · 177

글로벌 핵심 역량 함양 · · · · · 73

글로벌 환경 · · · · · · · · 164

기독교 · · · · · · · · 162

기본적 아이디어 · · · · · · · · 58

기숙사 · · · · · · · · 146

기술 · · · · · 91, 92, 101, 108

기술대학 · · · · · · · · 157

기술 배양 · · · · · · · · 159

기술 습득 · · · · · · · · 101

기초교양 교육과정과의 연계 · · · 25

나이 · · · · · · · · 122

남학생 · · · · · · · · 81

낮은 대학 만족도 · · · · · · · · 63

노래 · · · · · · · · 99

다문화 수용성 · · · · · 107, 111

다문화 학습자 · · · · · · · · 71

다양한 변인 · · · · · · · · 170

단계 · · · · · · · · 66

단과대 · · · · · · · · 37

단원별 · · · · · · · · 170

대만 · · · · · · · · 81

대외활동 참여 · · · · · · · · 112

대인관계 · · · · · 84, 105, 112

대학 · · · · · · · · 157

대학 경영 · · · · · · · · 18, 20

대학 교양과정 한국어 관련 강의 · 35

대학 만족도 · · · · · · · · 31, 63

대학만족도 · · · · · · · · 39, 105

대학별 특성화 교육과정 설계 · · · 63

대학별 특수성 반영 · · · · · · · · 62

대학 상황별 탄력적 적용 · · · · · 62

대학 생활 · · · · · · · · 101

대학생활 · · · · · 103, 138, 145

대학생활 적응 · · 24, 84, 112, 140

대학생활적응 · · · · · · 145, 148

대학 운영 · · · · · · · · 20

대학이미지 · 25, 84, 95, 113, 138, 140, 142, 145, 148

대학 적응 · · · · · · · · · 32

대학 특성화 교육과정 · · · · · · 40

대학 특성화 교육과정 설계 · · 17, 67

대학 특성화 교육과정 설계 모형 · 25

대학 특성화 교육과정 설계의 방향 46

도덕적 지도자 · · · · · · · · 159

동국대학교 · · · · · · · 33, 159

듣기와 말하기 · · · · · · · 125

등록금 · · · · · 113, 116, 117, 122

만족도 · · · 23, 45, 47, 81, 94, 166,
    174, 177

만족도 분석 · · · · · · · · · 24

만족도 여부 · · · · · · · · · 25

만족도 조사 · · · · · · · · 24, 116

맞춤형 · · · · · · · · · · · 179

맞춤형 교육과정 · · · 75, 177, 180

멘토(Mento) · · · · · · · · · 39

멘토링 · · · · · · · · · · · 174

명확한 수업 목표 · · · · · · · 50

모국어 · · · · · · · · · · · 101

모국어 학습자 · · · · · · · · 47

모국의 문화 풍습 · · · · · · · 100

모니터링 · · · · · · · · · · 55

목표어 · · · · · · · 101, 153, 166

몽골 · · · · · · · · · · · · 81

문화 · · · · · · · · · · · 280

문화적응 · · · 24, 83, 84, 95, 101,
    138, 139, 140, 145, 148

문화적응 척도 · · · · · · · · 83

문화적인 이질감 · · · · · · · 107

문화차이 · · · · · · · · · 104

물적 조건 · · · · · · · · · · 49

민주국가 · · · · · · · · · 156

민주시민 · · · · · · · · · 156

반성적으로 교육과정 · · · · · · 55

방법론 · · · · · · · · · · · 71

배경지식의 재생 · · · · · · · 75

백워드 · · · · · · · · · 60, 179

백워드 설계 · · · 58, 61, 62, 66, 75,
    169, 176, 180, 187

백워드 설계(Backward Design) · 58

백워드 수업 · · · · · · · · 170

벗어난 순환형 모형 · · · · · · 61

베트남 · · · · · · · · · · · 81

보고서 · · · · · · · · · · 110

보편적 · · · · · · · · · · · 23

보편적인 범주 · · · · · · · · 65

복지 · · · · · · · · · · 177, 180

복지 시설 · · · · · · · · · 122

부정적 · · · · · · · · · 95, 102

분리형 · · · · · · 38, 40, 158, 186

불교 · · · · · · · · · · · · 159, 162

비교과과정 · · · · · · · · · · 73

비교문화적인 관점 · · · · · · 174

비교분석방법 · · · · · · · · · 23

비정규직 · · · · · · · · · · 116

비학위과정 · · · · · · · · 19, 33

비학위과정 유학생 · · · · · · 20

빅 아이디어 · · · · · · · · · · 65

빈도분석 · · · · · · · · · · · 85

사회 · · · · · · · · · · · · · 50

사회의 특성 · · · · · · · · · 53

사회적인 모임 · · · · · · · · 98

사회적 적응 · · · · · · · · · 84

사회화 과정 · · · · · · · · 108

산업대학 · · · · · · · · · · 157

산업사회 · · · · · · · · · · 157

산업인력 · · · · · · · · · · 157

상대적 요구 · · · · · · · · · 69

상징적 · · · · · · · · · · · · 58

상호문화적인 관점' · · · · · · 173

상호 의존성 · · · · · · · · · 51

상호작용 · · · · · · · · · · · 75

상호작용성 · · · · · · · · · · 76

상황분석 · · · · · · · · · · · 53

상황 분석 단계 · · · · · · · · 54

생활능력 · · · · · · · · · 91, 156

생활비 · · · · · · · · · · · 116

서울의 대학 · · · · · · · · · 62

서울 주요 대학의 외국인 유학생 과정

　별 현황 · · · · · · · · · · 32

선형적 · · · · · · · · · · · · 49

선형적 특성 · · · · · · · · · 51

설계 원리 · · · · · · · · · · 67

설문 조사 · · · · · · · · · 154

성균관대학교 · · · · · · · 33, 160

성별 · · 81, 83, 122, 138, 170, 177

수도권의 대학 · · · · · · · · 62

수업난이도 · · · · · · · · · 134

수업방법 · · · · · · · · · · · 65

수업설계 · · · · · · · · · · · 69

수업의 난이도 · · · · · · · · 135

수업 자료 · · · · · · · · · · 65

수요 · · · · · · · · · · · · 167

수용적 태도 · · · · · · · · · 111

수정 · · · · · · · · · · · · 179

순환 · · · · · · · · · · · 62, 170

순환의 원리 · · · · · · · · · 62

순환적인 교육과정 설계 모형 · · · 51

순환적인 모형 · · · · · · · · 51

신뢰도 · · · · · · · · · · · · 154

신언서판(身言書判) · · · · · 160

실무능력 · · · · · · · · 157

실제 교육현장 · · · · · · · 61

실제성 · · · · · · · · · · 62, 138

실제성 있는 평가방법 구축 · · · 62

아이디어 · · · · · · · · · 59

안내 · · · · · · · · · · · · 173

어학적, 문화적 소양 육성 · · · · 159

언어 40, 41, 63, 97, 148, 176, 177

언어 교육 · · · · · · · · · 71

언어교육기관 · · · · · · · · 72

언어 문제 · · · · · · · · · 30

언어의 편의성 · · · · · · · 97

언어적 편의성 · · · · · · · 98

여학생 · · · · · · · · · · · 81

역량 · · · · · · · · · · · 164

역사 · · · · · · · · · 113, 122

역사회의 특성 · · · · · · · · 55

연구대상 · · · · · · · · · · 81

연구도구 · · · · · · · · · · 83

연령 · · · · 81, 83, 138, 170, 177

연세대학교 · · · · · · · · · 73

연세대학교 RC의 비교과 과정 · · 74

연속적 · · · · · · · · · · · 41

영상적 · · · · · · · · · · · 58

영속적 이해 · · · · · · · · 65

영진전문대학 · · · · · · · · 33

예체능 · · · · · · · · · · · 33

외국인 유학생 · · · · · · · 17

외국인 전용 · · · · · · · · 36

요구 분석 · · · · · · 24, 47, 177

요구분석 · · · · · · · · · 45, 81

요구 사항 · · · · · · · · · 25

요구 조사 · · · · · · · · · 24

운영 · · · · · · · · · · · · 88

원리 · · · · · · · · · · · · 59

위계화 · · · · · · · 48, 165, 177

유교 · · · · · · · · · 160, 162

유동성 · · · · · · · · · · · 62

유의미성 · · · · · · · · · 138

유학생의 부적응 · · · · · · · 31

유학생의 현황 · · · · · · · 24

응용방법 · · · · · · · · · 157

의무 · · · · · · · · · · · 109

의사결정 · · · · · · · · · · 77

의사소통능력 · · · · · · · · 91

의사소통 능력 향상 · · · · · · 31

이해 · · · · 61, 65, 154, 170, 172,
179, 180, 186

이해 중심 교수설계를 위한 백워드 설
　계의 단계 · · · · · · · · · · 64
이해중심 교육과정 · · · · · · · 170
이해 중심 교육과정 설계 · · 154, 186
이해 중심 교육과정 설계 모형 · · 154,
　187
이해 중심 교육과정의 목적 · · · 155
이해 중심의 교육과정 설계 · · · · 61
인간관계 · · · · · · · · · · · · 112
인격도야 · · · · · · · · · · · · 157
인구 통계적 특성 · · · · · · · · 81
인류공영 · · · · · · · · · · · · 156
인류 사회 · · · · · · · · · · · 159
인성 · · · · · · · · · · · · · · 161
인의예지 · · · · · · · · · · · · 160
인재 · · · · · · · · · · · · · · 157
인재상 · · · · · 158, 164, 174, 177
인지도 · · · · · · · · · · 113, 120
인지된 요구 · · · · · · · · · · · 69
인지 발달 단계 · · · · · · · · · · 65
인지 방법 · · · · · · · · · · · · 71
인지적 발달단계 · · · · · · · · · 58
일반대학 · · · · · · · · · · · · 21
일반 목적 한국어 · · · · 17, 23, 185
일반적 상황 · · · · · · · · · · · 24

읽기와 쓰기 · · · · · · · · · · 125
자기규율 · · · · · · · · · · · · 159
자기주도적활동 · · · · · · · · · 73
자부심 · · · · · · · · · · · · · 166
작동적 · · · · · · · · · · · · · 58
잠재적 학습자 · · · · · · · · · 46
잠정적인 목표 · · · · · · · · · 50
장기기억 · · · · · · · · · · · · 75
장애 요소 · · · · · · · · · · · · 72
장학금 · · · 87, 88, 113, 116, 117,
　137, 177, 180
장학재단 · · · · · · · · · 87, 116
재구성 단계 · · · · · · · · · · · 55
재생 · · · · · · · · · · · · · · 75
저연령층 · · · · · · · · · · · · 18
저출산 · · · · · · · · · · · · · 17
전공과정 · · · · · · · · · · · · 72
전공기초 · · · · · · · · · · · · 161
전공적합성 · · · · · · · · · · · 39
전문대 · · · · · · · · · · · · · 30
전문대학 · · · 21, 33, 34, 157
전통 · · · · · · · · · · · 113, 122
전통적 교육과정 · · · · · · · · 55
전통적 교육과정 설계 모형 · · · 49
전통적인 교수설계 · · · · · · · 65

전통적인 교육과정 · · · · · 60, 169
접근성 · · · · · · · · · 62
정부 정책 · · · · · · · · · 24
조사도구 · · · · · · · · · 84
조직 · · · · · · · · · 101
조직활동 · · · · · · · · · 102
졸업생 · · · · · · · · · 174
종교 · · · · · · · · · 177
주의집중 · · · · · · · · · 75
주입식 교육 · · · · · · · · · 75
중국 · · · · · · · · · 81
중도탈락률 · · · · · · · · · 21
지방의 대학 · · · · · · · · · 62
지속적인 발전 · · · · · · · · · 53
지식 · · · · · · · 91, 92, 108
지식 수준 · · · · · · · · · 76
지식의 본질 · · · · · · · · · 70
지식인 · · · · · · · · · 160
지식 함양 · · · · · · · · · 159
지역 · · · · · · · · · 155
지원체계 · · · · · · · · · 53
직선적 · · · · · · · · · 49
직선적 모형 · · · · · · · · · 61
진로 · · · · · · · · 101, 104, 180
진로 계획 · · · · · · · · · 87

진로 탐색 · · · · · 101, 106, 174
진취적 도전자 · · · · · · · · · 159
진학 · · · · · 88, 166, 170, 173
차이 · · · · · · · · · 106
창의적 · · · · · · · · · 74
창의적 인재 · · · · · · · · · 164
창조적 지식인 · · · · · · · · · 159
책임 · · · · · · · · · 109
체험 활동 · · · · · · · · · 37
총체적 · · · · · · · · · 72, 141
총체적 언어활동 · · · · · 175, 179
출산율 · · · · · 18, 20, 185
출신 국가 · · · · · · · · · 172
춤 · · · · · · · · · 99
취업 · · · · · 88, 166, 173, 174
취업 대책 · · · · · · · · · 113
취업지원 프로그램 · · · · · · · 121
취업 프로그램 · · · · · · · · · 121
취직 · · · · · · · · 170, 173
친목활동 · · · · · · · · · 102
캠퍼스 · · · · · · · · · 37
코스별 · · · · · · · · · 170
타당도 · · · · · · · · · 154
타당도 검증 · · · · · · · · · 85
타당성 · · · · · · · · · 104

탄력적 · · · · · · · · · · 62, 176, 181

탐구과정 · · · · · · · · · · · 58

통합 · · · · · · · · · · · · · · 38

통합성 · · · · · · · · · · · · · 71

통합적 · · · · · · · · · · · · · 72

통합형 · · · · · · 38, 40, 158, 186

통합형 교육체계 · · · · · · · · 164

툴(tool) · · · · · · · · · · · · 57

특성화 · · · · · 24, 165, 176, 178

특성화 교육과정 · · 24, 32, 41, 187

특성화 교육과정 모 · · · · · · · 24

특성화 교육과정 모형 · · · · 23, 24

특성화 교육과정 설계 · · · · 25, 29

특수성 · · · · · · · · · · · 24, 62

특정 전공 · · · · · · · · · · · 34

판단과 실행 단계 · · · · · · · · 55

평가 · · · · · · · · · · · 76, 170

평가계획 · · · · · · · · · · · · 69

평가도구 · · · · · · · · · · · · 24

평가방법 · · · · · · · · · · 57, 61

평생교육 · · · · · · · · · · · 157

표현된 요구 · · · · · · · · · · 69

프로그램 구축 단계 · · · · · · · 54

피드백 · · · · · · · · · · · 55, 57

피드백 평가 · · · · · · · · · · 55

필수 교양 · · · · · · · · · · · 36

학교별 특수성 · · · · · · · · · 61

학교수준 · · · · · · · · · · · 155

학년수준별 · · · · · · · · · · · 59

학령기 · · · · · · · · · · · · · 17

학령기 학습자 · · · · · · · · · 18

학문 목적 한국어 · · · · · · · · 23

학문목적 한국어 교육과정 · · · 34

학문 목적 한국어 교육과정의 단계 34

학문목적 한국어 유학생 · · · · 30

학부모 · · · · · · · · · · · · · 63

학비 · · · · · · · · · · · · · 116

학생 복지 · · · · · · · · · · · 113

학생 비자 · · · · · · · · · · · 116

학술적 공동체 · · · · · · 63, 101

학술적 이론 연구 · · · · · · · 157

학습 · · · · · · · · · · · · · 173

학습경험 · · · · · · · · · · · · 65

학습 목적 · · · · · · · · · · · 106

학습 목표 · · · · · · · · · · · 106

학습목표 · · · · · · · · · · · · 65

학습 방법 · · · · · · · · · · · 71

학습 성향 · · · · · · · · · · · 76

학습 습관 배양 · · · · · · · · 159

학습 심리적 · · · · · · · · · · 50

학습자 17, 50, 55, 63, 65, 155, 165

학습자군 · · · · · · · · · · 47, 71

학습자 변인 · · 122, 123, 126, 130,
　135, 154

학습자 요구 · · · · · · · · · · 71

학습자의 변인 · · · · · · · · · 90

학습자의 특성 · · · · · · · · 53

학습자 주변 환경 · · · · · · · 56

학습자 중심 · 63, 66, 165, 186, 187

학습자 중심 교육 · · 46, 47, 68, 178

학업만족도 · · · · · · · · · 104

학업 부적응 · · · · · 40, 153, 185

학업 부적응 원인 · · · · · · · 153

학업 설계 · · · · · · · · · · 37

학업성취 · · · · · · · · 104, 105

학업 성취도 · · · · · · · · · 112

학업성취도 · · · · · · · · 39, 166

학업 적응 · · 21, 22, 31, 40, 69, 97,
　98, 105

학업적 적응 · · · · · · · · · 84

학업 중도탈락 · · · · · · · · 40

학업 환경 · · · · · · · · · 103

학위 · · · · · · · · · · · · 88

학위 과정 · · · · · · · · · · 19

학위과정 · · · · · · · 17, 23, 33

학위 과정 유학생 · · · · · · · 20

학위과정 유학생 · · 17, 47, 81, 153,
　154, 185

학위과정 유학생을 위한 교육과정의 유
　형 · · · · · · · · · · · 37

학위과정 유학생의 중도탈락률 · · 21

학위를 목적 · · · · · · · · 185

학제적 연계성 · · · · · · · 71, 72

한국 거주 기간 · · · · · · · 138

한국 대학 · · · · · · · · · 116

한국문학 · · · · · · · · · 125

한국 문화 · · · · · · · 99, 101

한국문화 · · · · · · · 99, 137

한국 문화 체험 · · · · · · · 101

한국사회 · · · · · · · · · 137

한국어 · · · · · · · · · · 99

한국어 강의 · · · · · · · · 69

한국어 교육 · · · · · · · · 36

한국어 능력 · · 37, 63, 83, 96, 110,
　123, 138, 145

한국어 능력별 · · · · · · · 177

한국어 문법 · · · · · · · · 125

한국어와 의사소통 · · · · · · 122

한국의 문화예술 · · · · · · · 122

한국의 문화 풍습 · · · · · · · 100

한국의 미용 · · · · · · · · · · 132

한국의 역사 · · · · · · · · · · 122

한국의 음식 · · · · · · · · · · 132

한국의 음악 · · · · · · · 99, 132

한국의 인구 · · · · · · · · · · 18

한국의 정치 · · · · · · · · · 122

한국의 패션 · · · · · · · · · 132

한국 정부 · · · · · · · · 87, 116

한류 · · · · · · · · · · · · · · 132

한양대학교 · · · · · · · · · · · 33

핵심역량 · · · · · · · · · · · 179

핵심 질문 · · · · · · · · · · 168

호감 · · · · · · · · · · · · · · 139

홍익인간 · · · · · · · · · · · 156

화장품 · · · · · · · · · · · · 132

환경 · · · · · · · · · · · · · · 103

환류 · · · · · · · · · · · 53, 58

활동계획 · · · · · · · · · · · · 48

활성화 · · · · · · · · · · · · · 75

효과성 · · · · · · · · · · · · · 77

효율성 · · · · · · · · · · · · · 77

김종일

　동국대학교 대학원 국제다문화학 전공으로 철학박사를 취득하고, 법무부 인정 〈다문화사회 전문가 1급〉 자격을 수료하였다. 현재는 동국대학교 만해연구소 전임연구원으로 재직하고 있다.

　2015년부터 2018년까지 동국대학교 〈Best Lecturer〉상을 4년 연속 수상하였다. 대표 논문으로는 「이주민 사회 현황과 불교의 역할에 관한 소고」, 「결혼이주여성의 부적응과 불교에서의 다문화 교육에 대한 소고」, 「북한이탈청소년 대안학교의 교과과정에 관한 비교연구」 등이 있다.

외국인 유학생을 위한
대학 특성화 교육과정 모형론

초 판 인 쇄 | 2020년 6월 16일
초 판 발 행 | 2020년 6월 16일

지 은 이 김종일

책 임 편 집 윤수경

발 행 처 도서출판 지식과교양
등 록 번 호 제2010-19호
주 소 서울시 강북구 우이동108-13 힐파크103호
전 화 (02) 900-4520 (대표) / 편집부 (02) 996-0041
팩 스 (02) 996-0043
전 자 우 편 kncbook@hanmail.net

ISBN 978-89-6764-157-3 93370   **정가** 20,000원